Philosophe américain familier des deux traditions continentale et analytique, Gareth Matthews (1929-2011) compte avec Matthew Lipman et Ann Margaret Sharp parmi les pionniers de la philosophie pour enfants.

Philosophie de l'enfance

DANS LA MÊME COLLECTION

Sébastien CHARBONNIER, *Aimer s'apprend aussi. Méditations spinoziennes*, 2018

François GALICHET, *Philosopher à tout âge*, 2019

PHILOCITÉ, *Philosopher par le dialogue. Quatre méthodes*, 2020

Maughn Rollins GREGORY et Megan Jane LAVERTY (éd.), *Ann M. Sharp. Aux sources de la philosophie pour enfants*, 2023

Gareth B. MATTHEWS

Philosophie de l'enfance

Traduit par Pierre Audran

VRIN

• *Pratiques Philosophiques*

The Philosophy of Childhood

Couverture : Rebecca Matthews, *Three Figures in Crimson (Childhood painting)*, detail. Reproduced with kind permission.

Directrice de collection : Gaëlle Jeanmart

Imprimé en France
ISSN 2677-7517
ISBN 978-2-7116-3138-4
www.vrin.fr

PRÉFACE

Spécialiste de philosophie antique et scolastique [1], Gareth Matthews effectua l'essentiel de sa carrière à l'Université du Massachusetts où il exerça comme professeur de 1969 à 2005. Alors que son œuvre a été jusqu'à présent relativement éclipsée, en France, par la notoriété de ses compatriotes Matthew Lipman et Ann Margaret Sharp [2], elle bénéficie aux États-Unis d'une juste reconnaissance : « Il faut porter à son crédit, écrivent Walter Omar Kohan et Claire Cassidy, non seulement d'avoir été le premier philosophe universitaire contemporain à poser les bases de la philosophie de l'enfance comme champ académique, mais encore d'avoir offert sa propre philosophie de l'enfance, qui est aussi audacieuse qu'érudite dans sa manière de bousculer les conceptions de l'enfance communément admises en philosophie » [3].

Le présent recueil a été publié il y a trente ans aux presses universitaires de Harvard avec cette ambition explicite d'inaugurer un champ de recherche académique. Il s'agit de l'une des quatre contributions majeures [4] de Matthews à la philosophie *de l'enfance*, ce complément du nom devant être entendu chez lui selon une double

1. On trouvera dans les pages qui suivent de fréquentes références aux présocratiques, à Platon, Aristote, Augustin et Thomas d'Aquin.

2. Cofondateurs de l'Institute for the Advancement of Philosophy for Children, à Montclair, New Jersey. *Cf.* Introduction.

3. W. O. Kohan, C. Cassidy, « Gareth B. Matthews, Philosophy of childhood or children ? » [Gareth B. Matthews, Une philosophie de l'enfance ou des enfants ?] *in* Maughn R. Gregory, Megan J. Laverty (eds.), *Gareth B. Matthews, The Child's Philosopher*, New York, Routledge, 2022, p. 225.

4. Parmi *Philosophy and the Young Child*, Harvard University Press, 1980 ; *Dialogues with Children*, Cambridge (Mass.), Harvard University Press, 1984 ; *The Philosopher's Child* (avec Susan M. Turner), Rochester (NY), University of Rochester Press, 1998.

acception subjective et objective : l'enjeu est à la fois d'accompagner une enfance qui s'embarque dans l'aventure philosophique et de développer une philosophie qui s'attelle aux aspects problématiques du concept d'enfance, éminemment plastique en fonction des contextes socio-historiques. L'ouvrage est composé d'une dizaine de chapitres dont plusieurs ont fait l'objet de publications séparées ; certains d'entre eux ont une orientation résolument théorique, par exemple ceux examinant respectivement la théorie de l'enfance comme récapitulation, le développement moral enfantin comme déplacement de concept ou le statut des souvenirs d'enfance dans la recomposition continue de l'identité personnelle ; mais comme dans toute « bonne philosophie » [1], la théorie prend ici sa source dans des pratiques – à commencer par la très concrète opération de fumigation d'une chatte infestée de puces –, et elle a vocation à revivifier des pratiques en aval : créer les conditions d'un dialogue fructueux avec les enfants, appréhender les tendances sociétales relatives aux nouveaux droits qui leur sont accordés, prendre en charge leurs peurs – et les nôtres ! – à l'approche de la mort.

Quel que soit le public auquel il s'adresse, l'auteur se représente et pratique la philosophie comme une démarche de questionnement qui vient inlassablement remettre en débat ce qui était tenu pour acquis. Et c'est en l'occurrence la psychologie du développement, impulsée par Jean Piaget et déclinée par ses nombreux continuateurs, qui se trouve dérangée dans ses tranquilles certitudes. Au moment où Pascal Engel tente en France d'aménager les voies d'une réconciliation entre les deux disciplines [2], la *Philosophie de l'enfance* ouvre donc outre-Atlantique un nouveau chapitre de leurs démêlés.

Matthews ne va pas tout à fait aussi loin que Georges Canguilhem affirmant que « de bien des travaux de psychologie, on retire l'impression qu'ils mélangent à une philosophie sans rigueur, une éthique sans exigence et une médecine sans contrôle » [3]. Mais il

1. *Cf.* chap. 2 et 10.

2. P. Engel, *Philosophie et psychologie*, Paris, Gallimard, 1996.

3. G. Canguilhem, « Qu'est-ce que la psychologie ? », *Revue de Métaphysique et de Morale* n°1/1958, p. 12.

reproche à Piaget et à ses émules de traiter l'enfance à partir de l'idée qu'elle serait essentiellement un temps de *maturation*. Idée très réductrice parce qu'elle implique de penser l'enfant comme un être foncièrement incomplet, défini négativement par un ensemble de déficits à surmonter. Et très conservatrice parce qu'elle correspond en réalité à la vision de l'enfance la plus platement consensuelle, celle qui est « incorporée dans la structure même de nos institutions sociales »[1] dont le principal souci est de fonctionner ; les travaux de psychologie qui poussent dans ce terreau renforcent ainsi, très étourdiment sous leurs airs de scientificité, un « système de valeurs qui dévalue systématiquement la pensée, la sensibilité, l'expérience et les œuvres des enfants »[2]. Il est par conséquent nécessaire d'en libérer non seulement les enfants, mais également les adultes et la philosophie elle-même.

Pour envisager la perspective théorique adoptée par Matthews dans ce projet de libération, un parallèle peut être dessiné avec celle du philosophe français Jacques Rancière. L'un et l'autre s'efforcent en effet de « corriger une distorsion par une autre distorsion »[3] en élaborant leurs modèles – du prolétaire, de l'enfant – non à partir de la norme statistique mais à partir d'une exception à cette norme : chez Rancière, le menuisier Louis Gabriel Gauny qui « [décide] d'ignorer en quelque sorte qu'[il] est voué à travailler de ses bras, [...] regarde par la fenêtre de la maison où [il] travaille et entre en possession de l'espace environnant »[4] ; chez Matthews, ces enfants philosophes qui décident contre les programmes scolaires qu'on peut avoir d'autres ambitions intellectuelles que celles d'apprendre la table de 12 et la forme passive du verbe être, et qui suivent leurs intuitions singulières, à l'instar de Kristin affirmant que « le monde est entièrement fait de

1. *Cf.* chap. 10, *infra*, p. 158.
2. *Ibid.*, p. 163-164.
3. *Cf.* chap. 2.
4. J. Rancière, *Et tant pis pour les gens fatigués*, Paris, Éditions Amsterdam, 2009, « Critique de la critique du “spectacle” », p. 625 et « L'émancipation est-elle une chose du passé ? », p. 660. Voir également, du même auteur : *La Nuit des prolétaires – Archives du rêve ouvrier*, Paris, Fayard, 1981 et *Le philosophe plébéien*, Paris, La Fabrique, 2017.

couleurs »[1], ou de Karl se demandant « comment la grande porte des cabinets fait pour entrer dans [son] petit œil »[2]. Il s'agit donc bien de démystifier une distorsion mortifère – la dévaluation aliénante d'un groupe de population réalisée à partir d'un paradigme biologique inapproprié – par une distorsion vivifiante – la redéfinition du groupe à partir de quelques individus émancipés en son sein. Sous les plumes de Rancière et de Matthews, cheminer avec ces prolétaires mettant à profit leurs nuits pour construire une contre-économie ou avec ces enfants s'avançant avec hardiesse sur le terrain métaphysique, prendre la mesure de la liberté qu'ils se donnent et de la joie qui illumine leurs conquêtes intellectuelles sauve tout un chacun de la « condescendance »[3], et ravive aussi la philosophie qui retrouve en compagnie de ses serviteurs vagabonds son urgence et sa fraîcheur. Une fois ces perspectives ouvertes, la possibilité de transformer les anomalies statistiques en modèles collectifs ne dépend finalement plus que de *nos* aptitudes à reconnaître et à célébrer la valeur profonde des pensées et des œuvres qui le méritent, elle dépend donc de *notre* autonomie de pensée, de *notre* maturité philosophique d'adultes accrédités.

Encore faut-il préciser que, dans cette apologie de l'enfant philosophe, Matthews ne cède jamais à un romantisme ou à un sentimentalisme béats. Contrairement à ce que semble suggérer le sous-titre de l'édition allemande – « Quand les enfants vont plus loin par la pensée que les adultes »[4] –, l'auteur n'affirme à aucun moment que l'enfance surpasserait globalement l'âge adulte sur le terrain philosophique, ni même qu'un enfant, si talentueux soit-il, pourrait se révéler un philosophe accompli. Pour passer des questions « naïvement profondes » de l'enfance aux questions « profondément naïves » de la philosophie[5], il faut pouvoir mobiliser

1. *Cf.* chap. 3, p. 34.
2. *Ibid.*, p. 63.
3. *Cf.* chap. 2, 5, 6 et 10.
4. *Die Philosophie der Kindheit – Wenn Kinder weiter denken als Erwachsene*, trad. all. C. Koch, Berlin, Beltz Quadriga, 1995.
5. *Cf.* chap. 3.

les qualités de discipline et de rigueur qu'on ne trouvera chez l'enfant qu'à l'état rudimentaire, au même titre que les expériences accumulées de lecture et d'écriture qui permettent à Matthews de convoquer la tradition philosophique aux moments opportuns pour faire progresser l'enquête. Le court segment de l'enfance peut cependant déjà contenir, à l'intersection d'une imagination fertile et d'une sensibilité aux incohérences logiques, une expérience de questionnement « authentiquement philosophique »[1], et celle-ci qualifie les enfants comme coéquipiers toujours possibles et parfois indispensables pour maintenir une relation dynamique avec ce que la philosophie a d'élémentaire. Or c'est presque une question de salut intellectuel, puisqu'il s'agit tout bonnement de se frayer un passage entre Charybde et Scylla, ces « deux écueils pseudo-philosophiques » que sont « l'irrécupérable bavardage de la pitrerie et le tintamarre vide de l'érudition »[2].

Pour ce qui est de la pratique philosophique mise en œuvre par Matthews dans ses dialogues avec les enfants, on constatera que la littérature et les histoires jouent un rôle médiateur décisif, sans doute d'abord en raison de ce surcroît d'expérience, de rigueur et de discipline auquel les enfants peuvent accéder à travers les fictions réflexives. Concurremment aux histoires composées *ad hoc*, dans le sillage de Matthew Lipman[3] mais avec des apports propres[4], Gareth Matthews élabore, sous le patronage de W. H. Auden, une sélection de grands textes de littérature de jeunesse susceptibles de nourrir les échanges. Les livres d'Arnold Lobel et de William Steig sont retenus pour leurs qualités poétiques et leur humour « philosophiquement

1. *Ibid.*

2. E. Martens, « "Werkzeugkiste" und "Schatztruhe" für die professionelle Ausbildung der Kinderphilosophen – von Gareth B. Matthews lernen », *Zeitschrift für Didaktik der Philosophie und Ethik* n°1/2008, p. 3.

3. *Cf.* PhiloCité, *Philosopher par le dialogue. Quatre méthodes*, Paris, Vrin, 2020, chap. I : « S'observer penser grâce à la communauté de recherches philosophiques », p. 45-78.

4. *Cf.* J.-F. Goubet, « La pratique du texte à fin différée : une contribution majeure de Gareth Matthews à la philosophie pour enfants », *Diotime* 85, 2020, https://diotime.lafabriquephilosophique.be/numeros/085/005/.

incitatif »[1] ; ceux d'E. B. White et de Natalie Babbitt se signalent par leur audace et leur pertinence dans l'approche de questions sensibles. Ici le détour par la littérature ne relève en aucune façon d'une marotte ni d'un raccourci facile qui nous éloignerait de l'exercice conceptuel ; car si celui-ci est apparenté au jeu – comptant avec la poésie parmi les activités de l'esprit « qui sont à elles-mêmes leur propre récompense »[2] –, il doit en permanence, pour ne pas devenir un jeu gratuit, se souvenir des motivations herméneutiques qui lui donnent sa raison d'être. Par exemple, dans le recueil d'Arnold Lobel, le désir de répondre à la question « qu'est-ce que le courage ? » tire sa nécessité et sa légitimité du besoin qu'éprouvent Ranelot et Bufolet d'évaluer leur comportement présent avec une lucidité accrue et d'engager le cas échéant des transformations à la lumière de cet idéal conceptuel.

Cette orientation herméneutique de la philosophie matthewsienne entre en résonance avec la ligne incarnée aujourd'hui par François Galichet, pour qui « il ne suffit plus d'apprendre à raisonner, à conceptualiser et à développer son esprit critique. Il faut aussi s'exercer à interpréter les situations nouvelles qui sont quotidiennement vécues. Il faut déchiffrer le sens de ce qui se présente comme “évident” et “bénéfique”. Il faut apprécier les enjeux d'une situation, évaluer les pratiques les plus courantes, juger les comportements et les habitudes les plus enracinées »[3]. Une telle promotion de la démarche herméneutique répond en fait au repérage par Galichet de son absence dans l'une des méthodes faisant actuellement autorité dans le périmètre francophone, celle de la « Discussion à visée démocratique et philosophique »[4], absence qui révélerait selon lui une « conception logiciste et intellectualiste de la philosophie » réduite à la trilogie « conceptualiser, problématiser,

1. *Cf.* chap. 9.

2. *Cf.* Introduction.

3. F. Galichet, *Philosopher à tout âge*, Paris, Vrin, 2019, p. 14.

4. Démarche initialement mise en forme par Michel Tozzi, *cf.* PhiloCité, *Philosopher par le dialogue*, *op. cit.*, chap. II : « Procéder philosophiquement grâce à la *Discussion à Visée Démocratique et Philosophique* », p. 79-117.

argumenter »[1]. Chez Matthews, on perçoit le même refus de gommer la dimension personnelle de la pensée et de s'en tenir au rôle de l'arbitre impartial : être philosophe, ce n'est pas renoncer à nos opinions ni aux partis pris qui jalonnent notre parcours, c'est au contraire nous donner la possibilité de les défendre avec d'autant plus de conviction que nous les avons préalablement passés au fil de l'examen critique. Et pour renouer avec cette pratique remplissant sa vocation existentielle, rien de tel que la démarche herméneutique, qui consiste en un « effort concret pour discerner le sens profond de textes ou d'expériences vécues derrière leurs significations apparentes »[2].

À la lecture de cette dernière définition, on objectera à bon droit que l'interprétation d'une expérience et l'interprétation d'un texte sont deux activités qu'il est difficile de mettre en rapport tant leurs objets sont hétérogènes : d'un côté la matière brute d'événements vécus à la première personne, conservée dans nos souvenirs de manière plus ou moins parcellaire et plus ou moins fidèle – une matière qui ne prend donc sens qu'à partir de l'interprétation qui la reconstitue –; de l'autre un objet sémiotique travaillé rendant compte de l'expérience d'autrui à travers une forme organisée et intelligible, qui contient à l'inverse de la première des significations en excès et appelle à ce titre une interprétation sélective. Si l'on comprend aisément comment la première peut prendre place dans l'activité philosophique, la seconde semble en revanche relever d'autres disciplines du champ des humanités. Toutefois, quand le lecteur s'essaie à interpréter une histoire dont les personnages eux-mêmes prennent part à un travail interprétatif, quand les interrogations inscrites dans le livre font en outre écho aux interrogations personnelles et urgentes dudit lecteur, l'herméneutique seconde s'exerce non seulement sur les résultats mais sur le processus même d'une herméneutique première, et toutes les conditions sont réunies pour que la lecture soit pleinement réflexive : par exemple lorsqu'un

1. F. Galichet, *Philosopher à tout âge*, *op. cit.*, p. 12.
2. *Ibid.*, p. 19.

enfant dont le pronostic vital est engagé lit le roman d'E. B. White avec ses parents ou avec les soignants qui l'accompagnent, et qu'ensemble ils s'appliquent à découvrir le sens des conversations de Charlotte (l'araignée) et de Wilbur (le cochon) s'interrogeant eux aussi sur le sens de leur mort prochaine. La littérature devient alors – sans s'y limiter – une école de philosophie élémentaire, où règne une circulation stimulante entre les différents pôles de la pensée, et où l'adulte n'a pas moins à apprendre que l'enfant.

GARETH B. MATTHEWS

PHILOSOPHIE DE L'ENFANCE

Pour Sarah, Becca et John

INTRODUCTION

HISTOIRE D'UN CHEMINEMENT

C'est en 1963 que je fis pour la première fois le lien entre la philosophie et l'enfance. La chatte de la famille, Fluffy, avait attrapé des puces. Lorsque j'annonçai que j'allais devoir l'emmener à la cave pour la traiter au fumigène, notre fille aînée Sarah, alors âgée de quatre ans, me demanda si elle pouvait regarder. Je finis par accepter de mauvaise grâce – et à condition que Sarah reste en haut de l'escalier afin qu'elle ne respire pas elle-même l'antipuce que je m'apprêtais à administrer à la chatte.

Depuis son poste d'observation, Sarah contempla ce rite primitif avec un grand intérêt. « Papa, me demanda-t-elle peu après, comment Fluffy a-t-elle attrapé des puces ?

— Eh bien elle a dû jouer avec un autre chat, répondis-je machinalement. Les puces ont dû sauter de l'autre chat sur Fluffy.

— Mais comment *cet autre* chat a-t-il attrapé des puces ? demanda-t-elle après un temps de réflexion.

— Il a dû jouer avec encore un autre chat, répondis-je avec désinvolture. Les puces ont dû sauter de ce chat sur le chat avec lequel Fluffy a joué ensuite.

— Mais enfin Papa, objecta-t-elle très sérieusement après une nouvelle pause, ça ne peut pas continuer ainsi tout le temps. La seule chose qui continue toujours sans fin, ce sont les nombres ! »

À l'époque de cet incident, j'enseignais la philosophie à l'Université du Minnesota. L'un des sujets classiques qui revenaient dans plusieurs de mes cours était l'argument cosmologique en faveur de l'existence de Dieu. Cet argument consiste à écarter l'hypothèse d'une régression infinie des causes, de manière à prouver l'existence de la Cause première que nous appelons tous, comme l'affirme saint Thomas d'Aquin avec un aplomb déconcertant, « Dieu ». Je me souviens m'être dit : « J'enseigne à mes étudiants l'argument en faveur de la Cause Première, et voici que ma fille arrive du haut de ses quatre ans et sort de son chapeau l'argument en faveur de la Première Puce ! »

À cette époque j'en savais très peu sur la psychologie du développement. J'avais bien sûr entendu parler de Jean Piaget, j'avais même assisté à l'une de ses conférences (en français, ce qui était pour moi une épreuve) quand j'étais étudiant de troisième cycle en philosophie à Harvard. J'avais certes eu vent de ses célèbres expérimentations sur la conservation [1], mais je n'avais pas compris que la théorie de Piaget était incapable de rendre compte de la pensée philosophique de ma fille qui, si l'on s'en tient à la théorie piagétienne, se trouvait encore dans l'antichambre de la « pensée préopératoire ».

Je me rappelle avoir raconté l'histoire de Sarah et des puces de temps en temps, généralement en soirées. Mais je ne soupçonnais pas qu'un jour je pourrais être amené à plaider en faveur de la spontanéité avec laquelle beaucoup de jeunes enfants, comme Sarah, font de la philosophie de leur propre initiative. À l'évidence je n'avais pas encore mesuré les nombreuses connexions entre la philosophie et l'enfance que j'espère mettre en lumière dans ce livre.

Environ six ans après l'épisode de la puce, ma famille et moi migrâmes vers l'Est où je devais prendre un poste à l'Université du Massachusetts. Notre arrivée dans le Massachusetts coïncida avec les débuts de ce qu'on appela ensuite, de manière plutôt condescendante à mon avis, les « agitations étudiantes ». Sur mon nouveau campus, il y avait des grèves, des alertes à la bombe et d'innombrables manifestations. J'étais moi-même assez fermement

1. *Cf.* chap. 4. Il s'agit d'entretiens menés avec des enfants pour évaluer leur acquisition progressive des concepts de conservation de substance, de poids et de volume, à l'occasion de déformations ou de changements d'états d'un corps – écrasement d'une boulette d'argile, dissolution d'un morceau de sucre, éclatement d'un grain de maïs. (N.d.T.)

opposé à la guerre au Vietnam et donc, même si cela faisait plus de dix ans que j'avais cessé d'être étudiant, je me joignis parfois aux « agitations étudiantes ». Plus d'une fois je me rendis à Washington dans un car de manifestants, qui étaient pour la plupart des étudiants, pour aller protester.

À cette époque un phénomène récurrent dans mes classes de philosophie me mit peu à peu mal à l'aise. Certains de mes meilleurs étudiants – évidemment pas tous, mais certains des plus intéressants – se demandaient tout haut si la philosophie n'était pas un complot de « l'*establishment* » qui visait à détourner les étudiants, en particulier les étudiants masculins, des questions de vie et de mort que soulevait la guerre au Vietnam.

Comment pouvait-on penser que ma philosophie bien-aimée fût un complot de l'*establishment* ? Je me sentais blessé. Et je ne savais vraiment pas quoi répondre. Comment est-on censé s'y prendre pour dissiper un soupçon pareil ?

Grâce en particulier aux travaux pionniers de Matthew Lipman et de ses collaborateurs à l'Institut pour la promotion de la philosophie pour enfants à Montclair (New Jersey), la philosophie fait aujourd'hui progressivement son apparition tout au long du cursus scolaire, de la maternelle au lycée. Mais il y a vingt ans, à l'époque des « agitations » du Vietnam, la philosophie était presque la seule matière universitaire importante qu'un étudiant pouvait n'avoir jamais rencontrée sous une forme scolaire avant l'Université. Quiconque un tant soit peu paranoïaque à propos de « l'*establishment* » pouvait être conduit à trouver suspect ce fait marquant.

À vrai dire, j'étais bien conscient à l'époque que certaines branches de la philosophie sont au contraire susceptibles d'aider tout étudiant qui le désire à penser avec plus de profondeur et de clarté sur les problèmes de la guerre et de la paix. Mais la plupart de ses branches n'y seraient toutefois d'aucune utilité, en tout cas pas directe. Et je ne voulais pas me contraindre à suspendre mes analyses du « je pense, donc je suis » cartésien, ou de l'argument cosmologique thomiste à la possibilité douteuse de les relier aux problèmes en jeu dans la doctrine de la guerre juste ou aux questions des limites de la morale.

Un soir, tandis que je faisais la lecture du coucher à mon fils John, alors âgé de trois ans, il m'apparut que l'histoire que j'étais en train de lire soulevait un problème philosophique que j'avais prévu d'analyser avec mes étudiants le lendemain. Je pris donc le livre avec moi ce jour-là et je commençai ma leçon en le lisant. (Je ne saurais dire avec certitude de quelle histoire il s'agissait, peut-être *Lune après lune* de James Thurber, un des livres préférés de mes trois enfants. Cette histoire traite très astucieusement des illusions perceptives, plus spécifiquement à partir du diamètre apparent de la lune). « Vous souvenez-vous avoir déjà réfléchi à ce problème quand vous étiez petits ? » demandai-je à mes étudiants après la lecture de l'histoire. « Si tel est le cas, continuai-je, le cours d'aujourd'hui vous donnera l'occasion de vous retrouver en territoire connu ».

Mon but était – et demeure aujourd'hui, car je continue de pratiquer l'exercice de temps en temps – de convaincre mes étudiants que la philosophie est une activité naturelle, à peu près aussi naturelle que la musique et le jeu. Il est entendu que l'étude de la philosophie a certains usages fonctionnels : c'est une bonne préparation à certains emplois, de juriste par exemple, car elle confère une pensée claire et un raisonnement solide. Mais comme la poésie, la philosophie est aussi à elle-même sa propre récompense.

Je ne sais pas exactement dans quelle mesure j'ai remporté la partie sur les cyniques de l'époque du Vietnam. Mais j'ai indubitablement affûté ma conscience du fait qu'un volet important de la littérature de jeunesse est authentiquement philosophique. Par exemple, je suis toujours disposé à expliquer à qui veut l'entendre que le livre d'Arnold Lobel, *Ranelot et Bufolet, une paire d'amis*, dont la simplicité lexicale l'apparente à un album « premières lectures », est également un classique philosophique (*cf.* chapitre 9).

Il était tout à fait naturel, dans ma lente prise de conscience des liens entre la philosophie et les enfants, que j'écrive ensuite un article sur la philosophie et la littérature de jeunesse. À la demande pressante d'un ami, je soumis cet écrit à la commission des programmes de la Division Pacifique de l'*American Philosophical Association*

[Association philosophique américaine], et lorsqu'il fut accepté, je le lus devant une assemblée de philosophes réunis à San Francisco. À ma grande surprise, je me rendis compte que non seulement les enseignants d'école primaire mais également d'autres philosophes professionnels étaient intéressés par les liens que je pouvais établir entre la philosophie et la littérature de jeunesse. Je me mis alors à explorer la pensée philosophique des enfants, à laquelle recourent les auteurs d'histoires philosophiques pour enfants. Cela m'a ramené à Sarah et aux puces.

Finalement, j'ai écrit *Philosophy and the Young Child* (Harvard, 1980) dont la thèse principale est que certains enfants soulèvent spontanément des questions, font des remarques et même s'engagent dans des raisonnements que les philosophes professionnels reconnaissent comme philosophiques. Quand, au tout début de ce livre, Tim, six ans, demande : « Papa, comment pouvons-nous être sûrs que tout ceci n'est pas un rêve ? », il pose l'une des questions les plus anciennes et les plus durablement épineuses de la philosophie. Et quand Tim cherche plus tard à rassurer son père en raisonnant : « Si tout ceci était un rêve, nous ne serions pas là en train de nous demander si c'est un rêve », il offre une solution au problème qui peut être mise en rapport de manière fructueuse avec celles de Platon et de Descartes.

Mes recherches empiriques suggèrent que de telles excursions spontanées en philosophie ne sont pas du tout inhabituelles chez des enfants âgés de trois à sept ans ; passé cet âge et déjà à huit ou neuf ans, elles deviennent rares, ou en tout cas elles font rarement surface. Mon hypothèse est qu'une fois que les enfants sont bien installés à l'école, ils apprennent que seuls les questionnements « utiles » sont attendus d'eux. Alors de deux choses l'une : soit la philosophie devient souterraine et se poursuit de manière privée sans plus être partagée avec quiconque, soit elle est complètement mise en sommeil.

Afin d'établir pour moi-même que des enfants un peu plus âgés, s'ils sont stimulés à dessein, peuvent encore répondre de manière créative et ingénieuse à des questions philosophiques, j'ai développé la technique d'écriture des débuts d'histoires dans lesquelles

les personnages, la plupart du temps des enfants, butent sur une question ou un problème philosophique sans pouvoir compter sur l'aide d'adultes. Freddie, par exemple, monte sur un vieux bateau dont les planches, apprend-il, ont été remplacées à quatre-vingt-cinq pourcents. Durant la croisière, il éprouve une grande fierté à marcher sur le plancher du plus vieux voilier encore à flots. Mais sa grande sœur, quand elle apprend que la plupart des planches d'origine ont été remplacées l'une après l'autre, se moque de la vantardise de son frère : « Avec quatre-vingt-cinq pourcents de planches toutes neuves, on peut à peine dire que c'est un vieux bateau, et en aucun cas le plus vieux voilier encore à flots », lance-t-elle. C'est sur cette expression de scepticisme que mon début d'histoire se termine.

Avec un début d'histoire comme celui-ci entre les mains, j'ai visité des classes dans lesquelles je demandais aux enfants de continuer l'histoire. Sans hésitation, ils se lançaient dans des débats très animés sur les épineuses questions de l'identité dans le temps que soulève cette histoire. Ils comparaient les bateaux aux vélos ou aux voitures dont les pièces d'origine sont progressivement remplacées avec le temps. Ils en arrivaient même parfois à débattre sur le remplacement progressif des cellules de leur propre corps. Et bientôt ils adoptaient des positions identifiables sur les critères permettant de définir la permanence dans le temps d'un bateau, d'un vélo, d'un corps humain.

Au fil des échanges, ils pouvaient parcourir toute la gamme des critères : affirmer que le bateau était nouveau dès lors qu'au moins la moitié de ses boiseries avait été remplacée ; accorder que tant qu'au moins une des planches d'origine restait en place, c'était toujours le même vieux bateau qui continuait à sillonner les mers ; suggérer au contraire qu'il y avait un nouveau bateau dès lors que la première planche était remplacée ; identifier une partie du navire comme suffisamment essentielle pour définir sa permanence – peut-être la quille, ou le mât, ou le gouvernail – ; se satisfaire du remplacement progressif de ses planches et du fait que le bateau continue de naviguer sur ses routes habituelles.

J'ai utilisé cette technique des débuts d'histoires dans plusieurs écoles, dans ce pays et à l'étranger. Mon livre intitulé *Dialogues with Children* (Harvard, 1984) est un compte rendu de mes réalisations en la matière avec un petit groupe d'élèves âgés de huit à onze ans et scolarisés dans une école de musique en Écosse. Le livre est aussi une introduction à la philosophie à travers la voix (et l'esprit !) d'enfants.

Jusqu'à présent, j'ai parlé d'enfants philosophes. Comment passe-t-on de ce sujet à l'idée qu'il pourrait exister une discipline qui serait la philosophie de l'enfance ?

Mon propre parcours a commencé par des réflexions pour tenter de comprendre pourquoi il semble surprenant que les jeunes enfants, ou en tout cas beaucoup d'entre eux, soient naturellement philosophes. Quelles idées sur les enfants et sur la nature de l'enfance avais-je préalablement admises, me demandais-je alors, pour trouver si surprenant que des enfants s'embarquent naturellement en philosophie ? Peut-être le concept même d'enfant était-il trompeur ou problématique d'une manière que je n'avais pas su mesurer, ni pris le temps d'examiner.

Quatre ans avant la publication de mes *Dialogues with Children*, Matthew Lipman avait en réalité déjà suggéré, au cours d'un colloque des rencontres annuelles de l'*American Philosophical Association*, que nous pourrions envisager la philosophie de l'enfance de manière analogue à la philosophie de la religion, à la philosophie des sciences, à la philosophie de l'art, à la philosophie de l'histoire, et à beaucoup d'autres disciplines relevant de la « philosophie de *x* » déjà familières et couramment reconnues dans les cursus universitaires.

De la même façon que les gens disent tout un tas de choses philosophiquement problématiques sur Dieu, sur la physique quantique, sur ce qui doit être considéré comme une œuvre d'art ou sur la cause d'un événement historique, ils disent aussi des choses philosophiquement problématiques sur l'enfance. La suggestion de Mat était donc que nous philosophes pourrions également diriger notre attention sur des questions telles que :

Qu'est-ce qu'être un enfant ?

En quoi les manières enfantines de penser diffèrent-elles des « nôtres » ?

Les jeunes enfants ont-ils la capacité d'être réellement altruistes ?

Est-il envisageable que les enfants obtiennent le droit de « divorcer » de leurs parents ?

Des œuvres d'art enfantin pourraient-elles être artistiquement ou esthétiquement aussi bonnes que les « figures filaires » ou les taches de peinture réalisées par quelque célèbre artiste contemporain ?

Doit-on considérer la littérature écrite par des adultes pour des enfants comme inauthentique pour cette raison même ?

Je me rappelle avoir émis dans un premier temps des réserves à la suggestion de Mat, mais je finis bientôt par l'accepter. En 1985 puis en 1988, je dirigeai un séminaire d'été pour les professeurs d'Université sous le titre « Problèmes relevant de la Philosophie de l'enfance ». J'avais mûrement réfléchi à ce titre. Comme je ne voulais pas prendre sur moi de démontrer au Fonds National pour les Humanités (NEH, *National Endowment for the Humanities*) que la philosophie de l'enfance était vraiment un domaine légitime pour la recherche académique au même titre que la philosophie de l'esprit, la philosophie des mathématiques et le reste, je fis comme si j'avais seulement choisi certaines questions à débattre au sein d'un champ de recherche déjà bien établi.

Aucun des douze participants à chacun de ces deux séminaires ne semble avoir eu la moindre difficulté à accepter l'idée que la philosophie de l'enfance devrait être reconnue comme un champ de recherche légitime. Nous avons commencé notre temps d'échange en examinant le concept d'enfant, un concept qui s'avère problématique historiquement et culturellement aussi bien que philosophiquement.

Notre concept d'enfance est historiquement problématique car la notion que nous avons de l'enfance pourrait bien être une invention moderne [1]. Dans les époques antérieures, semble-t-il, on avait tendance à identifier les enfants à des « modèles réduits », qui mangent moins, bien sûr, et peuvent abattre moins de travail que

1. *Cf.* P. Ariès, *L'Enfant et la vie familiale sous l'Ancien Régime*, Paris, Plon, 1960.

les « grands modèles », mais sans penser qu'ils soient différents au regard des *sortes* de travaux qu'on peut leur assigner, ou au regard de leurs *façons* de penser ou de se comporter.

Le concept d'enfance est culturellement problématique dans la mesure où il n'est pas totalement partagé par toutes les autres cultures. Margaret Mead décrit la culture d'une île du Pacifique dans laquelle les histoires sont destinées aux adultes, mais pas aux enfants. Loin d'être un monde de rêverie et d'imagination, l'enfance, dans cette culture, est le moment de la pensée réaliste et terre-à-terre [1].

Enfin, le concept d'enfance est philosophiquement problématique car des difficultés authentiquement philosophiques surgissent dans notre manière de déterminer ne serait-ce que la *nature* des différences qui séparent les êtres humains adultes et enfants.

Dans ces deux séminaires NEH, nous avons travaillé de manière à faire émerger les thèmes qui vont occuper les chapitres successifs de ce livre. Nous avons parlé des différentes manières existantes de comprendre ce qu'est un enfant, y compris à travers la théorie selon laquelle le développement de chaque être humain résume le développement du genre humain (*cf.* chapitre 2). Nous avons échangé sur les théories du développement cognitif des enfants, en particulier sur la théorie du développement de Jean Piaget (*cf.* chapitres 3 et 4). Nous avons considéré les théories du développement moral (*cf.* chapitre 5), échangé sur l'art réalisé *par* les enfants (*cf.* chapitre 10) et la littérature écrite *pour* les enfants (*cf.* chapitre 9). Et bien sûr, nous avons débattu sur les droits des enfants (*cf.* chapitre 6).

En réalité, parmi les sujets qui vont être traités dans les chapitres suivants, il n'y a que l'amnésie d'enfance (*cf.* chapitre 7) qui n'ait pas fait explicitement partie de notre programme de travail. Et même ce thème s'est invité à l'occasion, avec une remarque selon laquelle ce qui rend la prime enfance si mystérieuse et si intrigante vient en

1. M. Mead, « An Investigation of the Thought of Primitive Children, With Special Reference to Animism » [Une enquête sur la pensée des enfants primitifs avec une attention particulière accordée à l'animisme], *in* R. C. Hunt (ed.), *Personalities and Cultures*, Garden City, New York, Natural History Press, 1967, p. 213-137.

partie du fait que personne parmi nous ne se rappelle avoir été un très jeune enfant.

Je me suis donc laissé gagner par la suggestion de Matthew Lipman. Il me semble maintenant tout à fait évident que les idées et théories communément admises sur l'enfance méritent effectivement un examen et une critique philosophiques. Et j'ai donné mon premier cours au *Mount Holyoke College* sous l'intitulé : « La philosophie de l'enfance ».

Dans ce livre, je n'ai pas essayé de proposer un tour d'horizon complet de tout ce qui pourrait se rapporter à cette nouvelle discipline, la philosophie de l'enfance. En lieu et place, je formule une réponse personnelle à certains des questionnements qui en relèvent. Mais en développant *une* philosophie de l'enfance, et peut-être bien quelque chose comme *ma propre* philosophie de l'enfance, j'espère contribuer à ménager une place dans les cursus philosophiques à venir pour *la* philosophie de l'enfance comme un véritable champ de recherche, d'écriture et d'enseignement académiques.

CHAPITRE PREMIER

UN POINT DE VUE DE PHILOSOPHE SUR L'ENFANCE

« Pensez-vous qu'il puisse y avoir eu quelque chose comme le commencement du temps ? » Telle est la question que j'avais posée à une douzaine d'élèves de niveau CE2-CM1 dans mon groupe de discussion philosophique à Newton dans le Massachusetts. (Nous avions essayé d'écrire une histoire de voyage dans le temps).

— Non, répondirent plusieurs enfants.

Nick prit ensuite la parole.

— L'univers est en tout et partout, déclara-t-il avant de marquer un temps d'arrêt. Mais alors s'il y a eu un Big Bang ou quelque chose du genre, où est-ce que ça s'est produit ?

La question de Nick m'avait taraudé pendant assez longtemps, moi aussi. Et dans mon cas personnel, écouter des conférences d'astrophysiciens et de cosmogonistes érudits sur la théorie du Big Bang relative aux origines de l'univers n'avait jamais tout à fait apaisé l'inquiétude conceptuelle que Nick formulait d'une manière si simple et si directe.

À l'époque de cette discussion, Nick venait juste d'avoir neuf ans. Les autres membres du groupe avaient entre neuf ans et dix ans et demi.

Nick n'avait pas seulement exprimé une authentique énigme sur le commencement de l'univers, il posait également un principe métaphysique qui exige un commencement pour toute chose, y compris pour l'univers. Tout ce qui est, dit-il, possède un commencement. Comme il l'a compris, ce principe réintroduit le problème à propos de l'univers.

— Comment l'univers a-t-il commencé ? insista-t-il.

— L'univers est ce *sur quoi* toutes les choses sont apparues, dit Sam. Ce n'est pas réellement quelque chose. C'est ce *sur quoi* les autres choses ont commencé.

— Donc il faut toujours qu'il y ait un univers ? demandai-je.

— Ouais, confirma Sam, il faut toujours qu'il y ait un univers.

— Mais s'il y a toujours eu un univers, poursuivis-je, il n'y a jamais eu de point de départ.

— Il y a eu des points de départ pour certaines choses, expliqua Sam, mais pas pour l'univers. Il y a eu un point de départ pour la Terre, il y a eu un point de départ pour les étoiles, il y a eu un point de départ pour le soleil. Mais il n'y a pas eu de point de départ pour l'univers.

— Peux-tu convaincre Nick que l'univers doive toujours être là ? demandai-je à Sam.

Sam répondit avec une question rhétorique :

— *Sur quoi* l'univers serait-il apparu ? demanda-t-il simplement.

— C'est ce que je ne comprends pas » reconnut Nick.

La conception de l'univers développée par Sam (ce « sur quoi » tout le reste apparaît) rappelle l'idée platonicienne de « réceptacle » dans le *Timée* : « de ce qui est né visible et plus généralement sensible, la mère et le réceptacle n'est, devons-nous dire, ni terre, ni air, ni feu, ni eau, ni rien qui soit fait de ces corps, ni de quoi ces corps eux-mêmes sont faits, mais [...] une sorte d'être invisible et amorphe, qui reçoit tout » [1]. Selon cette conception, l'univers lui-même n'est jamais apparu, il est ce dans quoi – ou « sur quoi » – les autres choses sont apparues. Si, comme l'a proposé plus tard un autre enfant du même groupe dénommé Ross, les choses « ont commencé dans une grande obscurité, alors c'est cela qu'est l'univers ; l'univers *est* une grande obscurité ».

J'ai dit que la conception de l'univers développée par Sam était une réminiscence de l'idée platonicienne. Mais dans une certaine mesure, l'idée de Sam peut être considérée comme supérieure à

1. Platon, *Timée*, 51a, dans *Œuvres Complètes*, t. 2, trad. fr. L. Robin et M.-J. Moreau, « Bibliothèque de la Pléiade », Paris, Gallimard, 1950, p. 470.

celle de Platon. L'idée de réceptacle est l'idée d'un contenant. Un contenant isole certaines choses à l'intérieur et d'autres choses à l'extérieur ; pour séparer l'intérieur et l'extérieur, il faut des parois. La conception de Sam comme ce « sur quoi » les autres choses apparaissent projette un espace tridimensionnel sur un plan à deux dimensions, mais ce faisant elle nous permet de penser le « socle de l'être » comme ayant des limites indéfinies. Elle laisse dans l'indétermination la question de savoir si l'univers est fini ou infini. Le réceptacle platonicien doit au contraire être fini. De plus, on ne peut manquer de se demander de quelle nature peuvent bien être les parois du réceptacle, et il n'y a aucune réponse à cette question chez Platon.

Au cours de notre discussion, Nick n'a jamais abandonné le principe selon lequel tout ce qui est a un commencement. Mais il est toujours resté perplexe quant à la question de savoir comment ce principe pourrait être appliqué à l'univers lui-même. À chaque fois qu'on lui demandait « sur quoi » l'univers avait bien pu apparaître, il répondait avec une sympathique naïveté : « C'est cela qui m'échappe ». À l'évidence, c'était lui qui dès le départ avait suscité le problème avec son principe selon lequel tout ce qui est a un commencement.

Beaucoup de gens connaissent la couverture du *New Yorker* dessinée par Saul Steinberg pour représenter le pays vu par un New-Yorkais. L'île de Manhattan domine la scène ; les autres quartiers de New York sont visibles, mais plus petits que Manhattan. On devine San Francisco au loin sur l'autre côte. Et au milieu, il n'y a pas grand-chose.

Le point de vue d'un philosophe sur l'enfance est susceptible d'être tout aussi distordu. Les enfants qu'observe le philosophe sont assis en cercle et s'adonnent à des débats métaphysiques virtuoses, formulant des questions comme : « L'univers lui-même a-t-il eu un commencement, et si oui, sur quoi a-t-il commencé ? » Même si je me suis efforcé dans mes écrits de montrer, exemples à l'appui, que *certains* enfants font *parfois* cela, je dois bien admettre que ce genre d'activités n'est pas le caractère le plus évident de l'enfance.

Néanmoins, il vaut la peine de signaler que des discussions telles que celles que je viens de rapporter peuvent se produire et parfois se produisent effectivement. Il y a au moins deux raisons pour lesquelles il est important de le rappeler. D'abord parce que la pensée philosophique chez les enfants est passée à la trappe de la définition de l'enfance que les psychologues du développement nous ont servie jusqu'à présent. Même si la pensée philosophique est loin d'être le caractère prépondérant de l'enfance, sa présence devrait être scrupuleusement relevée. En premier lieu parce que le fait de la passer sous silence alimente une condescendance mal venue envers les enfants. Si les plus grands défis intellectuels que l'on propose à Sam et à Nick consistent à apprendre la table de 12 et la forme passive du verbe être, alors la condescendance envers les enfants sous le rapport de la pensée a de beaux jours devant elle. Mais si Sam et Nick peuvent soulever pour nous de manière vivante et captivante les mystères des commencements de l'univers, il y a au moins un certain nombre de contextes dans lesquels ils devraient être considérés comme nos coéquipiers dans un commun effort pour comprendre tout cela.

Et il y a une deuxième raison pour laquelle il est important de rendre compte de la pensée philosophique des jeunes enfants. Le faire nous aide à comprendre ce qu'est la philosophie.

Dans bien des cas, la philosophie nous exhorte à abandonner nos prétentions d'adultes au savoir. Le philosophe demande : « Au fait, qu'est-ce que le temps ? » quand la plupart des adultes pensent, sans doute de manière irréfléchie, qu'ils sont très au-delà du stade où l'on a encore besoin de se poser cette question. Ils peuvent désirer savoir s'ils ont assez de temps pour faire les courses de la semaine ou pour feuilleter un journal. Ils peuvent désirer savoir quelle heure il est, mais ils sont à mille lieues de se demander ce qu'est le temps. Saint Augustin le souligne habilement : « Qu'est-ce donc que le temps ? Quand personne ne me le demande, je le sais ; dès qu'il s'agit de l'expliquer, je ne le sais plus »[1]. Parmi ces questions agaçantes que

1. Saint Augustin, *Confessions*, t. II, XI, 14, trad. fr. P. de Labriolle, Paris, Les Belles Lettres, 2002, p. 308.

les enfants posent, certaines sont véritablement déconcertantes. La philosophie est en grande partie une tentative d'adulte pour répondre aux questions véritablement déconcertantes de l'enfance.

Je ne me rappelle pas m'être demandé au cours de mon enfance ce qu'était le temps, mais j'ai en effet médité sur le commencement du monde. Ma perplexité d'enfant de cinq ou six ans a pris la forme de la question suivante : « Si l'on suppose que Dieu a créé le monde à un moment donné, comment se fait-il que le monde ait l'air d'avoir toujours existé ? »

Je sais maintenant que mon problème de cosmogonie était un peu comme celui de saint Thomas d'Aquin. Comme moi, Thomas acceptait la doctrine chrétienne suivant laquelle Dieu a créé le monde, et l'aurait même de fait créé, d'après lui, à partir de rien. (Je ne sais pas si cet aspect *ex nihilo* faisait alors partie de ma théologie de gamin de six ans). Mais Thomas d'Aquin était également très respectueux des arguments d'Aristote en faveur de l'éternité du monde. Il lui fallait donc, d'une manière ou d'une autre, concilier l'apparence de non-commencement, telle qu'elle est établie à travers le raisonnement très impressionnant d'Aristote, avec la doctrine révélée de la création, dans laquelle il est question selon lui d'un commencement absolu.

En ce qui me concerne – en ce qui concerne l'enfant que j'étais –, j'y suis arrivé par le moyen d'une analogie. Ayant posé cette question à ma mère et n'ayant reçu aucune réponse constructive, je suis retourné la voir plus tard pour la rassurer : « Ne t'en fais pas Maman. Je crois que c'est comme un cercle parfait qu'on a dessiné. Si tu avais été là au moment du dessin, tu saurais où le cercle commence. Mais si tu le regardes maintenant, c'est impossible à dire. C'est comme un cercle parfait dans lequel la fin rejoint le début sans laisser d'indice ».

Lorsque maintenant, soixante ans plus tard, j'enseigne Aristote ou Thomas d'Aquin à mes étudiants de l'Université, j'essaie de dénicher l'enfant qui se questionne, à la fois chez moi et chez mes étudiants. Si je ne le faisais pas, la philosophie que nous faisons ensemble perdrait l'essentiel de son urgence et de son intérêt.

Mais retournons à la question du respect dû aux enfants en tant que coéquipiers dans l'enquête. Les parents et les professeurs sont souvent tellement accaparés par les charges qui leur incombent – nourrir leurs enfants, les instruire, les réconforter, leur montrer une voie – qu'ils ne parviennent pas à prendre la mesure de ce que les enfants ont à offrir aux adultes. Et l'une des choses formidables que les enfants ont à nous offrir, c'est une nouvelle perspective philosophique.

Considérons l'exemple de Kristin, qui était alors âgée de quatre ans. Elle s'exerçait à l'aquarelle. Comme elle peignait, elle se mit à penser aux couleurs elles-mêmes. Assise sur son lit, elle déclara à son père : « Tu sais, Papa, le monde est entièrement fait de couleurs ».

Le père de Kristin, qui, je le sais, cherche un sens à tout, exactement comme sa fille de quatre ans le faisait autrefois, s'amusa de l'hypothèse de Kristin et réagit très positivement. Mais, ayant identifié une difficulté, il lui demanda :

— Et le verre ?

Kristin réfléchit pendant un moment. Puis elle trancha sans hésitation :

— De couleurs *et* de verre ».

Comme tout bon philosophe, Kristin connaissait la marche à suivre quand une hypothèse à laquelle on tient se heurte à un contre-exemple. On incorpore tout simplement le contre-exemple dans l'hypothèse !

L'hypothèse des couleurs formulée par Kristin n'est pas seulement rafraîchissante et stimulante – d'après moi, ce fut pour son père un cadeau au moins aussi unique et merveilleux que n'importe quelle aquarelle qu'elle aurait pu lui offrir –, il rappelle également la pensée des plus anciens philosophes dont nous ayons gardé trace, les Milésiens. Comme Kristin, les Milésiens voulaient savoir de quoi toute chose est faite. Thalès répondait « D'eau » (il pensait vraisemblablement que la terre était quelque chose comme de l'eau gelée ou compactée et que l'air était de la vapeur très raréfiée) ; Anaximandre répondait « D'infini » ou « D'indéfini » tandis qu'Anaximène répondait « D'Air » (je préfère l'hypothèse de Kristin à n'importe laquelle de ces trois-là).

Une autre anecdote avec Kristin rappelle un autre philosophe présocratique, Parménide. Kristin avait cinq ans et elle apprenait à lire. Elle apprenait à reconnaître les syllabes et à les prononcer afin de pouvoir reconnaître les mots. Et elle était assez fière de ses avancées.

À nouveau assise sur son lit et conversant avec son père, elle lui dit : « Je suis vraiment heureuse que nous ayons des lettres. »

Le père de Kristin fut quelque peu surpris par ce bizarre témoignage de gratitude.

— Pourquoi? demanda-t-il.

— Parce que s'il n'y avait pas de lettres, il n'y aurait pas de sons, expliqua Kristin. S'il n'y avait pas de sons, il n'y aurait pas de mots… S'il n'y avait pas de mots, nous ne pourrions pas penser… Et si nous ne pouvions pas penser, il n'y aurait pas de monde ».

Le raisonnement en chaîne de Kristin est époustouflant. C'est également une réminiscence de l'énigmatique fragment de Parménide *to gar auto nœin estin te kai einai* (« Car c'est la même chose que d'être pensé et d'être »), que l'on pourrait interpréter comme : « Seul ce qui peut être pensé peut être ». Si, donc, nous accordons à Kristin les hypothèses intéressantes qu'elle fait, selon lesquelles 1) sans mots rien ne pourrait être pensé et 2) sans lettres il n'y aurait pas de mots, nous arrivons à l'incroyable conclusion : « Sans lettres, il ne pourrait pas y avoir de monde ».

Ces deux anecdotes à propos de Kristin montrent combien la pensée d'un enfant peut être un cadeau inestimable pour un parent ou un professeur qui a des oreilles pour entendre. Et l'une et l'autre alimentent aussi l'idée que la philosophie est, en partie, une réponse d'adulte aux questions de l'enfance.

Les études sur l'enfance ont connu au XXe siècle un accroissement vertigineux. Or deux idées ont été centrales dans la façon dont l'enfance a été étudiée à notre époque. La première est que les enfants se développent, et que leur développement est un processus de *maturation*. De manière assez évidente, la maturation est en partie un processus biologique. Les enfants grandissent, leurs jambes et leurs bras s'allongent, les visages poupons se transforment en visages plus mûrs, les dents de lait sont remplacées par des dents définitives, et ainsi de suite. Mais la maturation est également un processus psychologique et social. Les paroles, les pensées et les comportements de bébés sont progressivement remplacés par les paroles, les pensées et les comportements de jeunes enfants, puis par ceux d'enfants plus âgés, d'adolescents et pour finir d'adultes.

La deuxième idée centrale qui a prévalu dans les études récentes sur l'enfance est que la croissance se déroule suivant une succession de *stades* identifiables. Les enseignants d'école primaire peuvent en témoigner, les stades de développement biologique traversés par les enfants ne peuvent être corrélés qu'approximativement à leur âge réel. Ainsi un enfant dans une classe donnée dominera-t-il le reste de ses camarades tandis qu'un autre en sera encore à s'approcher de la taille moyenne dans sa classe. Mais les stades de croissance biologique, comme ceux de croissance intellectuelle et sociale, sont au moins globalement liés à l'âge. En rassemblant l'idée de maturation et l'idée d'une séquence de stades liés à l'âge, nous obtenons la conception du développement comme processus de maturation avec des stades identifiables se succédant au sein d'une séquence au moins grossièrement liée à l'âge.

Par définition, la maturation a un but ; ce but, c'est la maturité. Les stades antérieurs sont supplantés par des stades ultérieurs au regard desquels ils sont automatiquement considérés comme moins satisfaisants. Ainsi le modèle de développement de l'enfant que nous pourrions appeler « par stades » ou « de maturation », qui est admis sans conteste dans l'étude de l'enfance, comporte de fait un biais évaluatif. Quelles que soient les structures biologiques ou psychologiques qu'on s'apprête à découvrir chez un enfant de douze ans qui s'est développé de façon normale, le modèle de développement par stades ou de maturation pose, avant même le début de la recherche, que toutes ces structures seront plus abouties que les structures qu'elles ont remplacées chez, disons, un enfant de six ans.

Dans beaucoup de domaines du développement humain, ce biais évaluatif semble plutôt approprié : nous ne voudrions pas que des adultes, ou même des adolescents, aient à mâcher leur filet de bœuf avec leurs dents de bébés. Mais quand il s'agit de philosophie, ce postulat est franchement hors de propos. Et cela tient à plusieurs raisons.

Premièrement, il n'y a aucune raison de supposer que simplement en vertu d'une croissance normale, les adolescents ou les adultes acquièrent naturellement un niveau de maturité satisfaisant dans la maîtrise du questionnement philosophique – par exemple, en étant capable de mener une discussion afin de savoir si le temps pourrait avoir eu un commencement ou si l'on peut considérer qu'un super-ordinateur a un esprit.

Deuxièmement, il devrait être évident pour quiconque écoute les remarques et questions philosophiques des jeunes enfants qu'elles ont une fraîcheur et une inventivité qu'il est difficile pour un adulte d'égaler, même pour l'adulte le plus créatif. La fraîcheur et l'inventivité ne sont pas les seuls critères pour faire de la bonne philosophie : la discipline et la rigueur comptent également beaucoup, et l'on peut s'attendre à ce que des enfants soient moins disciplinés et rigoureux que leurs homologues adultes. Cependant, en philosophie comme en poésie, la fraîcheur et l'inventivité sont des qualités précieuses.

J'ai récemment demandé à une classe d'étudiants de répondre par écrit à la question posée par Tim au début de *Philosophy and the Young Child* : « Papa, comment pouvons-nous être sûrs que tout ce que nous vivons n'est pas un rêve ? » Une mère dans la classe s'est rappelé que sa fille, alors âgée de trois ans et demi, lui avait un jour demandé : « Maman, est-ce que nous sommes "en direct", ou est-ce que nous sommes dans une vidéo ? » Cette question d'enfant est évidemment très proche de la question plus classique du rêve. Mais c'est en même temps une nouvelle question, délicieuse et rafraîchissante, une question qui n'aurait pas pu être formulée avant la télévision, ni même en fait avant le développement des caméras et des magnétoscopes.

Certains caractères du problème du rêve se retrouvent dans le problème de la vidéo. Ainsi, de même que je peux avoir eu dans mon rêve l'idée que j'étais éveillé, de même le mot « en direct » peut apparaître sur l'écran quand je regarde une vidéo. Mais d'autres caractères sont nouveaux. Contrairement à ce qui se passe dans le problème du rêve, le problème de la vidéo suggère que nos vies sont déjà enregistrées et simplement en attente de visionnage.

Les enfants sont donc souvent des penseurs rafraîchissants et inventifs ; trop souvent la maturité tarit ces sources. C'est une deuxième bonne raison pour refuser le postulat évaluatif qui fonde le modèle du développement de l'enfant par stades ou de maturation.

Troisièmement, Descartes nous a appris à faire de la philosophie en « commençant tout de nouveau » [1]. Au lieu de postuler la validité de ce que mes professeurs m'ont appris ou de ce que la société autour de moi semble accepter, il me revient de frayer une voie nouvelle pour montrer, par des moyens qui me sont entièrement propres, que je sais réellement toute chose que je prétends savoir. Ainsi que les étudiants de l'Université l'apprennent rapidement durant leur premier cours de philosophie, il n'est pas facile de se débarrasser de ses postulats d'adulte, même de façon temporaire, et même lorsqu'on a un objectif bien défini. Ce n'est pas facile, en tout cas, pour des adultes, car les enfants s'en tirent beaucoup mieux. D'une certaine manière, les philosophes adultes qui suivent Descartes en s'efforçant de « recommencer tout de nouveau » essaient de retourner en enfance, même si ce n'est que temporaire. C'est difficile pour les adultes. Ce n'est pas nécessaire pour les enfants.

Il serait illusoire de croire que « commencer tout de nouveau » suffit pour faire de la philosophie. Ce n'est pas du tout le cas. Mais apprendre à être à l'aise avec les questions « naïves » est un point important pour faire de la bonne philosophie. Ainsi, pour cette raison et aussi pour les deux précédentes, lorsqu'il s'agit de faire de la philosophie, le postulat évaluatif du modèle par stades ou de maturation risque fort de tout gâter.

1. « Starting over » en anglais chez Matthews ; « ominia a primis fundamentis denuo inchoandum » dans le texte original des *Méditations métaphysiques* que Florence Khodoss traduit par « commencer tout de nouveau dès les fondements » (R. Descartes, *Méditations métaphysiques*, Paris, Quadrige-P.U.F., 2004, p. 26). (N.d.T.)

Comme l'idée que se font les New-Yorkais des États-Unis, ma façon de voir les enfants comme de petits philosophes relève d'une sorte de distorsion. Mais il en va de même pour l'idée conventionnelle que l'on se fait de l'enfance comme développement à travers une succession de stades globalement liés à l'âge et qui visent à la maturité. Parfois, semble-t-il, le meilleur moyen de corriger une distorsion est de la coupler avec une distorsion contraire mais autrement stimulante. J'espère que c'est vrai dans le cas qui nous occupe.

Comme l'idée que se font les [illegible] de notre philosophie relève d'une [illegible] [illegible] temps.

CHAPITRE 2

THÉORIES ET MODÈLES DE L'ENFANCE

Comme beaucoup de parents de notre génération, mon épouse et moi avons élevé nos enfants avec un exemplaire défraîchi de *Comment soigner et éduquer son enfant* de Benjamin Spock. Quand un enfant faisait un pic de fièvre au milieu de la nuit, c'était réconfortant d'entendre Dr Spock nous dire : « Entre un an et cinq ans, la fièvre des enfants peut monter jusqu'à 40° » ; et quand le bébé d'un voisin n'avait toujours pas de dents à six mois, c'était rassurant de pouvoir dire au voisin en question, Dr Spock à l'appui : « Certains enfants ont leur première dent à trois mois, d'autres pas avant un an. Les uns et les autres sont pourtant des enfants normaux et en bonne santé » [1].

Au début du chapitre intitulé « Le développement de votre enfant », Dr Spock adopte toutefois un ton quelque peu différent. C'est comme s'il se rajustait sur son fauteuil tournant et qu'il se mettait à discourir sur des thèmes plus élevés. La section 351, qui ouvre ce chapitre, est libellée en caractères gras : « Il retrace l'histoire complète du genre humain. » Le paragraphe se poursuit comme suit :

> Je ne connais rien de plus fascinant au monde que d'observer la croissance et le développement d'un enfant. Au début, vous ramènerez tout à la courbe de poids. Puis, quand l'enfant commence à être capable d'accomplir quelques gestes, il vous semble qu'il s'agit maintenant d'une sorte de dressage, d'apprentissage de

1. B. Spock, *Comment soigner et éduquer son enfant*, Paris, Robert Laffont, 1967 (3e éd.), citations extraites des pages 210 et 390.

> « petits tours ». La croissance est, en réalité, bien plus compliquée et plus riche de signification que cela. Chaque enfant retrace, au fur et à mesure que son développement physique et psychique progresse, l'histoire complète du genre humain. Il se présente d'abord dans le sein de sa mère sous la forme d'une toute petite cellule, exactement comme la première cellule vivante qui apparut sur la terre. Quelques semaines plus tard, alors qu'il est plongé dans le liquide amniotique, il a des branchies, comme un poisson. À la fin de la première année de sa vie, quand il commence à se tenir sur ses jambes et à se servir de ses mains et de ses doigts, il revit la période où, il y a des millions d'années, nos ancêtres abandonnèrent, eux aussi, la marche à quatre pattes après avoir découvert qu'ils pouvaient ainsi mieux utiliser leurs mains. Après sa sixième année, l'enfant commence à se libérer peu à peu de la tutelle de ses parents. Il cherche à prendre sa place dans le monde extérieur, hors de la sphère familiale ; il s'applique à comprendre les règles de la société. À ce moment, il refait probablement le même chemin que nos ancêtres lorsqu'ils découvrirent qu'il valait mieux s'assembler en communautés importantes au lieu d'errer dans la forêt en petits groupes familiaux indépendants (p. 199).

Ici Dr Spock puise sa matière bien au-delà de sa propre expérience clinique, en fait bien au-delà de l'expérience clinique de n'importe quel médecin, pour présenter une théorie de l'enfance. Sa théorie est la théorie de la récapitulation. Elle peut être condensée en un slogan : « L'ontogenèse récapitule la phylogenèse », autrement dit : le développement de l'individu reproduit le développement de la race ou de l'espèce.

On peut retrouver certains éléments de la théorie de la récapitulation dans la philosophie présocratique en Grèce antique. Mais il a fallu attendre le XIXe siècle pour que quelqu'un (le biologiste allemand Ernst Haeckel) donne à cette théorie une formulation moderne et élaborée. Quelque temps après, le psychologue américain G. Stanley Hall, dans son livre *Adolescence* devenu une référence, a fourni à la théorie ses résultats les plus décisifs. Parmi les autres penseurs modernes qui ont contribué à accréditer encore cette théorie, on compte Freud, Piaget et le collaborateur de Karl Marx, Friedrich Engels – sans parler du docteur Benjamin Spock ! [1]

Nous croyons bien comprendre les intentions de Dr Spock lorsqu'il nous prodigue ses conseils sur la poussée des dents ou sur la limite jusqu'à laquelle nous pouvons laisser grimper la température avant d'appeler les urgences. Mais quelle peut bien être la visée de sa théorie de l'enfance ?

Dans le même ordre d'idées, nous pouvons accepter ou refuser les conseils de Dr Spock à propos de l'alimentation ou de l'apprentissage de la propreté. Ils peuvent être en contradiction avec notre propre expérience, ou avec les conseils que d'autres personnes dignes de confiance nous ont donnés. Mais qu'est-ce qui pourrait nous conduire à accepter ou à refuser la théorie, énoncée par Dr Spock, de l'enfance comme récapitulation ? Et d'ailleurs, pourquoi aurions-nous même besoin d'une théorie de l'enfance ? Et quelle différence pourrait-il bien y avoir entre accepter celle qu'avance Dr Spock et en accepter une autre, ou n'en accepter aucune ?

Avant d'esquisser quelques réponses à ces questions, je voudrais réfléchir un instant sur la façon dont nous admettons tout naturellement l'idée que nous aurions besoin d'une bonne théorie de l'enfance. Je fus jadis invité dans un très bon établissement afin d'envisager avec des enseignants la possibilité de faire de la philosophie avec leurs élèves. Au cours de la discussion, l'un des enseignants me demanda à quoi ressemblait la pensée des élèves de CM1. Je crus d'abord que l'enseignant me mettait à l'épreuve. Je pensais que, le sachant lui-même, il voulait savoir si je le savais moi aussi. Mais je dus rapidement abandonner cette hypothèse.

Après avoir essayé de répondre en deux mots, le ridicule de la situation me sauta soudain aux yeux. Celui qui m'avait posé la question était un enseignant de CM1 très expérimenté, tandis que je n'avais jamais enseigné dans ce niveau ni même dans aucune classe d'école primaire. Certes, à l'époque dont je parle, chacun de

1. G. Stanley Hall, *Adolescence*, New York, D. Appleton, 1904. Une magnifique histoire critique de la théorie récapitulationniste, très accessible, est consultable dans le livre de S. J. Gould, *Ontogeny and Phylogeny*, Cambridge, Harvard, 1977.

mes enfants était passé par le CM1 et il m'était arrivé d'avoir des discussions philosophiques avec des effectifs réduits d'élèves de primaire, y compris avec des CM1. Mais je n'avais objectivement eu qu'une petite expérience avec les enfants sur lesquels m'interrogeait ce professeur expérimenté. S'il y avait un expert, ou tout au moins un professionnel, c'était *lui* ; j'étais quant à moi le novice, l'amateur. À quel titre aurais-je été capable, moi qui enseignais à des étudiants à l'Université, de lui dire à quoi ressemblait la pensée des créatures avec lesquelles il passait précisément toutes ses journées, et que je ne voyais pour ma part que très occasionnellement ?

Il me semble que cet enseignant s'était fait à l'idée que les universitaires ont des *théories* sur les enfants – sur leurs façons de penser, sur leur comportement, sur ce qu'ils sont censés être *à tel ou tel stade*. Il était tellement habitué à l'idée de théories d'experts qu'il était tout à fait disposé à croire qu'un étranger débarquant d'une université saurait lui dire qui étaient vraiment les élèves qu'il était le mieux placé pour connaître.

C'est sans aucun doute vers les psychologues que l'on se tourne aujourd'hui pour avoir des théories sur l'enfance. Mais les éducateurs ont eux aussi des théories, de même que les anthropologues, les théoriciens du langage, sans parler des historiens de la culture et des politologues. Un philosophe pourrait-il avoir quelque chose d'important à dire sur les théories de l'enfance ?

Comme je l'ai déjà observé, les philosophes se sont montrés, de façon générale, extrêmement discrets sur la question de savoir ce qu'est un enfant. Mais il serait hâtif d'en conclure que la philosophie n'a rien à apporter à la discussion théorique sur l'enfance. Par le passé, la philosophie s'est attachée à des concepts problématiques tels que l'espace, le temps, la causalité, Dieu, le libre arbitre, et ainsi de suite. Or il s'avère que le concept d'enfant est également problématique sous divers aspects qui relèvent de la philosophie.

La théorie la plus simple pour définir ce qu'est un enfant, nous pourrions l'appeler « la théorie de l'enfant comme petite personne ». Selon cette théorie, un enfant est simplement un être humain en plus petit, parce que très jeune. C'est la théorie de celui qui pense le développement de l'enfant comme accroissement ; pour le dire avec les mots de Dr Spock : « au début, vous ramènerez tout à la courbe de poids ».

Il ne fait aucun doute qu'il y a habituellement une différence de taille significative entre les enfants et les autres êtres humains. De façon générale, les enfants sont plus grands que les nourrissons et plus petits que les adolescents et les adultes. Cette observation n'est pas tout à fait aussi anodine qu'il y paraît à première vue. Cela signifie que les enfants, contrairement à la plupart d'entre nous, sont communément entourés de « géants », dont certains font l'effort de se baisser pour discuter avec eux, ou même de s'asseoir par terre pour se mettre à leur niveau, mais dont la plupart ne se privent pas de profiter de leur auguste supériorité.

L'essentiel du monde façonné autour des enfants n'est pas adapté à leur taille. Les enfants ne sont pas toujours capables d'atteindre l'interrupteur, ou même la poignée de porte, encore moins le heurtoir (ou la boîte à gâteaux !). Le message que cela envoie aux enfants est tout à fait univoque : « Tu n'es pas (encore) un membre à part entière de la société ».

De plus, la taille d'un enfant est en constante évolution. Cette question est d'ailleurs le sujet récurrent des exclamations que les adultes adressent aux enfants ou font à leur propos. « Mon dieu, comme tu as grandi ! », déclare l'adulte à l'enfant qui ne sait plus où se mettre. À cet égard, l'écart entre les enfants et la plupart des adultes est sensible. Les adultes peuvent prendre du poids, les femmes tomber enceintes ; ils peuvent se rider, grisonner et, les hommes en particulier, perdre leurs cheveux. Mais un adulte accepte et même apprécie de s'entendre dire après un long intervalle qu'il « n'a pas changé ». Un enfant au contraire est en constante transition, en particulier au regard de sa taille. Les enfants ne sont pas censés rester pareils à eux-mêmes, il faut qu'ils grandissent. Si les choses suivent leur cours naturel, les pantalons de cette année seront bientôt trop courts et les chaussures de l'année dernière sont déjà trop petites.

Dans l'album fantaisiste intitulé *Le Rapetissement de Treehorn*, le héros, Treehorn, se met à rapetisser au lieu de grandir [1]. Ses parents et ses enseignants lui signifient clairement que ce qu'il fait n'est pas bien. Il ne réussit pas à grandir comme le font tous les enfants normaux.

Les enfants qui grandissent plus vite ou plus lentement que leurs pairs ont souvent l'impression que quelque chose ne va pas, et même qu'ils *font* quelque chose de mal. Ainsi, non seulement la taille des enfants est variable, mais il y a encore un *rythme* normal de croissance.

Pour résumer, un enfant est donc un petit être humain en croissance – plus grand qu'un nourrisson, plus petit qu'un adolescent. Est-ce tout ? Comment rendre notre théorie de l'enfance plus intéressante et plus complexe ?

Nous devons envisager un développement qui ne soit pas seulement un agrandissement. Nous devons en particulier envisager le développement cognitif, émotionnel et social.

Les philosophes du XVIIe siècle débattaient pour savoir si les idées les plus importantes que nous avons à l'âge adulte sont innées, ou si elles dérivent de l'expérience que nous avons accumulée depuis la première enfance. Les rationalistes, tels René Descartes, étaient innéistes ; les empiristes, tels John Locke, étaient expérientialistes. Voici un passage dans lequel Descartes spécule sur la pensée du fœtus dans le ventre de sa mère :

> Ce n'est pas que je me persuade que l'esprit d'un petit enfant médite dans le ventre de sa mère sur les choses métaphysiques ; [...] il n'y a rien de plus conforme à la raison que de croire que l'esprit nouvellement uni au corps d'un enfant n'est occupé qu'à sentir ou à apercevoir confusément les idées de la douleur, du chatouillement, du chaud, du froid, et semblables qui naissent de l'union ou pour ainsi dire du mélange de l'esprit avec le corps. Et toutefois, en

1. F. Parry Heide, *The Shrinking of Treehorn*, New York, Dell, 1971 ; *Le Rapetissement de Treehorn*, trad. fr. Oskar (II), Paris, Le Tripode, 2009. F. Scott Fitzgerald part de la même idée pour composer sa nouvelle intitulée « L'Étrange Histoire de Benjamin Button ».

> cet état même, l'esprit n'a pas moins en soi les idées de Dieu, de lui-même et de toutes ces vérités qui de soi sont connues, que les personnes adultes les ont lorsqu'elles n'y font pas attention : car il ne les acquiert point par après avec l'âge [1].

Et voici Locke, pour le côté expérientialiste :

> Supposons que l'esprit soit, comme on dit, du papier blanc, vierge de tout caractère, sans aucune idée. Comment se fait-il qu'il en soit pourvu ? D'où tire-t-il cet immense fonds que l'imagination affairée et illimitée de l'homme dessine en lui avec une variété presque infinie ? D'où puise-t-il ce qui fait le matériau de la raison et de la connaissance ? Je répondrai d'un seul mot : de l'*expérience* [2].

Le débat entre l'innéisme et l'expérientialisme a continué jusqu'à l'époque présente, quoique les termes de référence se soient quelque peu déplacés. Aujourd'hui les fers de lance de l'expérientialisme sont les behavioristes, le plus réputé d'entre eux étant B. F. Skinner. Les behavioristes diffèrent de Locke en ceci qu'ils se désintéressent complètement du contenu de nos esprits. Ils envisagent l'esprit comme une « boîte noire » plutôt que comme une « feuille blanche » sur laquelle « s'écrit » notre expérience. Selon les behavioristes, la façon dont l'expérience « s'écrit » sur les organismes des êtres humains et des autres animaux relève du conditionnement opérant. Ou, pour changer de métaphore : « le conditionnement opérant forme le comportement à la manière du sculpteur qui forme une motte d'argile » [3].

L'innéiste le plus important de notre époque est le linguiste Noam Chomsky, qui estime que nous naissons tous avec les structures d'une grammaire universelle « intégrée en nous ». On peut apprécier la touche particulière de l'approche de Chomsky en relevant ce qu'il a à dire à propos de ce qu'il a baptisé « le problème de Platon »,

1. R. Descartes, *Œuvres philosophiques, t. 2 (1638-1642)*, trad. fr. C. Clerselier et F. Alquié, Paris, Garnier Frères, 1967, p. 361.

2. J. Locke, *Essai sur l'entendement humain*, trad. fr. J.-M. Vienne, Livre II, chap. 1, sec. 2, Paris, Vrin, 2001, p. 164.

3. B. F. Skinner, *Science et comportement humain [1953]*, trad. fr. A. et R-M. Gonthier-Werren, Paris, In Press, 2005, p. 97.

autrement dit sa réponse à la question : comment pouvons-nous avoir autant de connaissances quand les preuves dont nous disposons sont si limitées ? Selon Chomsky :

> L'essentiel de l'intérêt de l'étude du langage réside dans le fait qu'elle permet d'approcher le problème de Platon dans un domaine qui est relativement bien délimité et accessible à l'examen et à l'enquête, et en même temps profondément intégré à la vie et à la pensée humaines. Si nous pouvons découvrir quelque chose à propos des principes qui entrent dans la construction de ce système cognitif spécifique que sont les principes de notre faculté de langage, nous pourrons avancer vers la résolution d'au moins un cas spécial et relativement important du problème de Platon. Nous pourrons alors nous demander si ces principes sont généralisables aux autres cas. [...] Ma conviction en la matière est que ces principes [...] sont, sous certains aspects déterminants, spécifiques à la fonction langagière, mais que l'approche peut effectivement être inspirante pour d'autres domaines [1].

Supposons que nous utilisions le terme d'« innéistes » pour désigner ceux qui, comme Chomsky, pensent que les structures cognitives les plus fondamentales ne s'élaborent pas durant le développement de chaque individu humain – même si ces structures peuvent bien sûr passer d'un état *purement latent* à un état *manifeste*. Alors nous pouvons marquer une séparation assez nette entre les innéistes et les récapitulationnistes. Pour les récapitulationnistes, les structures elles-mêmes sont comme des fleurs japonaises, elles s'ouvrent et se déploient durant l'enfance. De plus, la façon dont elles se déploient répète la façon dont le genre humain a évolué et s'est développé dans l'histoire.

Quelle différence cela fait-il, au sujet de l'enfance, d'être expérientialiste, innéiste ou récapitulationniste ? Tout d'abord, nous devons admettre que personne aujourd'hui n'est en mesure de présenter une théorie de l'enfance tout à fait adéquate qui obtiendrait l'adhésion des psychologues du développement, des anthropologues,

1. N. Chomsky, *Knowledge of Language*, New York, Praeger, 1986, XXVI.

des linguistes et des théoriciens de l'éducation. Ce que nous avons à la place, c'est un certain nombre de modèles théoriques qui guident la recherche de façons limitées et permettent d'interpréter les données. Certains de ces modèles marchent résolument sous les bannières innéiste, expérientialiste ou récapitulationniste. D'autres relèvent de plus d'une catégorie, ou combinent certains aspects d'une de ces orientations avec quelque chose d'autre, par exemple une théorie de la sexualité ou une théorie de la personnalité. Ainsi Piaget, par exemple, essaie de combiner les trois modèles que j'ai mentionnés[1], et Freud combine un modèle récapitulationniste avec sa propre théorie de la sexualité[2].

Les modèles théoriques ont la vertu de suggérer des connexions que nous n'aurions pas repérées sans eux. Mais aussi longtemps que

1. Chez Piaget, certains passages sonnent explicitement récapitulationnistes. Ainsi, lorsqu'il évoque son « épistémologie génétique », il écrit : « le champ d'étude le plus fructueux et le plus évident serait la reconstitution de l'histoire humaine – l'histoire de la pensée humaine dans l'homme préhistorique. Nous sommes malheureusement très mal renseignés sur la psychologie des primitifs, mais il y a des enfants partout autour de nous, et c'est en les étudiant que nous avons les meilleures chances de comprendre la connaissance logique, la connaissance mathématique, la connaissance physique, et ainsi de suite. » (« Genetic Epistemology », *Columbia Forum* 12, 1969, p. 4). Mais Piaget souligne aussi que l'expérience est indispensable pour déclencher le développement (modèle expérientialiste) et que le développement, le nôtre comme celui de nos ancêtres, suit les « lois » du développement mental. Sur ce dernier point, la remarque suivante est décisive : « Nous ne croyons d'ailleurs pas, pour notre part, que ces ressemblances possibles entre la pensée de l'enfant et celle des primitifs [...] soient dues à une hérédité quelconque : la permanence des lois du développement mental suffit à expliquer ces convergences. » (J. Piaget, *Six études de psychologie*, Paris, Folio-Gallimard, 1987, p. 43).

2. S. J. Gould, dans *Ontogeny and Phylogeny* (Cambridge, Massachusetts, Harvard University Press, 1977, en particulier aux pages 156-161), développe une analyse convaincante de l'importance du récapitulationisme chez Freud. Il se fonde sur une lettre du 12 juillet 1915 à Sandor Ferenczi : « hystérie d'angoisse – hystérie de conversion – névrose obsessionnelle – démence précoce – paranoïa – mélancolie – manie. [...] Cette succession semble répéter phylogénétiquement un développement historique. Les névroses d'aujourd'hui sont des phases d'évolution révolues de l'humanité. » (S. Freud, *Vue d'ensemble des névroses de transfert – Un essai métapsychologique*, trad. fr. P. Lacoste, Paris, Gallimard, 1986, p. 104-105).

nous avons plusieurs modèles concurrents, chacun fructueux à sa manière sans qu'aucun soit de façon claire et évidente supérieur à tous les autres, nous devons être attentifs, non seulement à ce que le modèle considéré nous permet de mieux comprendre, mais aussi à ce qu'il risque de nous occulter ou de nous empêcher de comprendre.

Considérons le modèle de la récapitulation, par lequel nous avons commencé. En faisant appel au modèle de la récapitulation, Dr Spock nous incite à admirer la façon dont notre bébé grandit et se développe, en envisageant ce nourrisson comme « reparcourant l'histoire entière de l'humanité, physiquement et spirituellement, pas à pas ». Ce n'est certes pas une mauvaise manière de célébrer la croissance et le développement de son enfant.

Le modèle de la récapitulation peut être suggestif et utile au chercheur aussi bien qu'au parent. Dans son article « The Emergence of Symbols : Ontogeny and Phylogeny » [« L'émergence des symboles : ontogenèse et phylogenèse »], Elizabeth Bates explique comment certains « aspects constitutifs » du langage (l'imitation, l'utilisation d'outils, la motivation sociale à partager des références aux objets) ont pu se mettre en place de façon séparée au cours de la phylogenèse et comment le développement du nourrisson juste avant l'acquisition du langage peut être envisagé comme une récapitulation de cette séquence évolutive [1].

C'est au contraire le modèle expérientialiste qui sous-tend les récentes recherches montrant que les bébés parviennent à distinguer les sons fondamentaux de la langue qu'ils entendent autour d'eux avant même d'avoir atteint l'âge de six mois. Selon ces recherches, les bébés régulièrement entourés de locuteurs anglais sont capables de distinguer les sons « la » et « ra » à l'âge de six mois, tandis que ceux entourés de locuteurs japonais ne le sont pas [2].

1. *Cf.* W. Andrew Collins (ed.), *Children's Language and Communication*, Minnesota Symposia on Child Psychology, vol. 12, Hillsdale, New Jersey, Erlbaum, 1979.

2. P. Kuhl *et al.*, « Linguistic Experience Alters Phonetic Perception in Infants by 6 Months of Age » [« L'expérience linguistique modifie la perception phonétique chez les enfants avant l'âge de six mois »], *Science* 255, 1992, p. 606-608.

Le modèle innéiste structure d'autres recherches avec profit. Dans un article intitulé « Cognitive Basis of Language Learning in Infants » [« Bases cognitives de l'apprentissage du langage chez les nourrissons »], John Macnamara apporte la preuve que « les nourrissons apprennent leur langue en commençant par déterminer, indépendamment de la langue, la signification que le locuteur s'efforce de leur transmettre, et seulement ensuite élaborent la relation entre la signification et l'expression qu'ils ont entendue ». Pour être capables de faire cela, affirme Macnamara, les nourrissons doivent déjà avoir, intégré à leur structure neurologique, un langage mental. C'est ce « mentalais » inné qui trouve ensuite sa traduction, estime-t-il, dans la langue « naturelle », acquise – par exemple, l'anglais, le norvégien ou le chinois [1].

Il y a une autre mise en garde sur laquelle je souhaiterais insister plus encore que sur celle qui concerne l'orientation théorique. Les enfants ne sont pas seulement des objets d'étude ; ils sont aussi, avec nous, des membres de ce que Kant appelle « le règne des fins ». Nous pouvons être désireux de les comprendre et nous devrions évidemment nous sentir responsables de leur éducation et de leur bien-être ; mais avant toute chose, nous leur devons le respect. Or les modèles théoriques que nous utilisons pour les comprendre peuvent les déshumaniser et encourager de façon inappropriée certaines postures condescendantes envers eux.

Considérons ces opinions récapitulationnistes de Carl Gustav Jung : « Or l'enfance est un état du passé [...] L'enfant vit dans un monde prérationnel et surtout préscientifique, monde de l'humanité qui fut avant nous » [2]. L'affirmation qui nous semble ici sujette à caution est celle qui consiste à dire que les enfants vivent dans un monde prérationnel et préscientifique ; une telle affirmation exige

1. J. Macnamara, « Cognitive Basis of Language Learning in Infants » [Bases cognitives de l'apprentissage du langage chez les nourrissons], *Psychological Review* 79, 1972, p. 1-13.

2. C. G. Jung, *Psychologie et éducation*, trad. fr. Y. Le Lay, Paris, Buchet-Chastel, 1995, « L'enfant doué », p. 258.

vraiment d'être considérée avec la plus grande circonspection. S'il est certainement bon d'être averti que les idées d'un enfant peuvent, dans un contexte donné, être sensiblement différentes des vôtres ou des miennes, soutenir que les enfants vivent dans un monde préscientifique et même prérationnel relève de l'arrogance et d'une condescendance déplacée.

D'abord, un jeune enfant peut se montrer plus avancé dans sa compréhension de notre monde moderne et scientifique que la plupart des adultes. Prenez les ordinateurs, ou simplement les jeux vidéo. Quand les enfants des voisins d'en face viennent me rendre visite, ils apportent parfois leur console portable avec eux. Ils essayent de m'expliquer ce qui se passe quand leurs petits doigts appuient sur les touches du clavier avec agilité et succès, mais hélas, ils n'y parviennent généralement pas. En l'occurrence, c'est moi qui appartiens au monde préscientifique – en tout cas au monde pré-jeux-vidéo !

Pour ce qui est de l'idée que les enfants seraient des êtres prérationnels, Piaget est peut-être celui qui, plus que tout autre, nous a montré de façon spectaculaire à quel point les réponses des enfants pouvaient parfois sembler d'une irrationalité désarmante (cette question sera approfondie au chapitre 4). Mais parfois les enfants sont aussi incroyablement rationnels, et même sages. Considérons l'exemple suivant.

Il y a plusieurs années, une jeune mère vint me trouver juste après une de mes conférences. Avec son fils de quatre ans, elle avait rendu visite au grand-père qui était sur le point de mourir. Le garçon s'était rendu compte que son grand-père n'allait pas bien du tout (il est mort une semaine plus tard). Sur le chemin du retour, il dit à sa mère : « Quand les gens sont malades et prêts à mourir, comme Papi, est-ce qu'ils les abattent ?

La mère en eut le souffle coupé.

— Non, la police n'aimerait pas ça. (Ici la réponse de la mère correspondrait chez Lawrence Kohlberg à un stade pré-moral de développement moral, *cf.* chapitre 5.)

Le garçon réfléchit un peu, et puis il dit :

— Peut-être qu'ils pourraient le faire avec des médicaments ? »

Il est vraisemblable que cet enfant de quatre ans avait vu ou entendu parler d'un animal, domestique ou d'élevage, dont on avait « abrégé les souffrances » en l'abattant, parce qu'il était gravement malade ou mutilé. Alors pourquoi pas Papi ? L'analogie est juste. C'est en partie elle qui incite les médecins à administrer des doses létales pour donner la mort aux patients qui sont dans la souffrance ; c'est en partie elle qui incite beaucoup d'entre nous à considérer que l'euthanasie peut non seulement être éthiquement acceptable mais éthiquement nécessaire.

Le degré de sophistication jusqu'où l'on peut pousser le débat sur l'euthanasie est en droit sans limite. On peut bien sûr invoquer des théories morales et des principes moraux que l'on serait incapable d'expliquer à cet enfant de quatre ans. Je soupçonne cependant que la plupart des questions liées à l'euthanasie dans notre culture sont formulables en des termes qui seraient tout à fait intelligibles pour ce jeune enfant. Si c'est vrai, alors cet exemple compte parmi les preuves que l'on peut accumuler contre l'idée récapitulationniste selon laquelle un enfant vit inéluctablement dans un monde prérationnel.

Il peut à l'évidence y avoir de très bonnes raisons pour lesquelles la mère de cet enfant ne souhaiterait pas discuter d'euthanasie avec lui. Mais « il ne comprendrait pas » n'en est pas une. Le modèle récapitulationniste, dans la mesure où il nous porte à croire que cet enfant de quatre ans serait forcément incapable de comprendre ce qui pousse un médecin empathique à donner une dose létale à un patient qui est en train de mourir, ou ce qui pousse une fille attentionnée à consentir à cet acte pour son père, nous donne une mauvaise raison de nous réfugier derrière ce que Kohlberg appelle « l'orientation de la punition et de la récompense », une mauvaise raison de couper court à toutes les discussions sur les problèmes éthiques associés que l'on rencontre lorsque l'on prend en charge des proches mourants.

Les modèles de développement que ces théories de l'enfance proposent afin de stimuler notre recherche et de dynamiser nos efforts de compréhension peuvent remplir beaucoup de fonctions utiles. Mais nous devons nous garder de laisser ces modèles caricaturer nos enfants au point de restreindre ce que nous sommes prêts à reconnaître comme possible ou non dans les types d'échange que nous avons avec eux, nos semblables.

CHAPITRE 3

PIAGET ET LA PHILOSOPHIE

Le génie de Jean Piaget est d'un genre très particulier. Il s'est révélé capable d'inventer des formes d'expérimentation avec ces trois caractéristiques décisives :

D'abord, elles présentent des résultats *impressionnants*. Dans les situations expérimentales mises en place, elles révèlent des réactions d'enfants qui nous surprennent, parce qu'elles diffèrent largement de ce qu'auraient été nos propres réactions.

Deux boulettes d'argile contenant – l'enfant en convient – la même quantité de matière sont aplaties, l'une intensément, l'autre plus modérément. « Sont-elles toujours pareilles ? » demande l'expérimentateur, piégeux. « Non », répond poliment l'enfant. Puis il désigne la plus épaisse et ajoute : « Celle-ci est plus lourde ».

Nous sommes interloqués par de tels résultats, et cela nous donne envie d'en savoir plus. Deuxièmement, ces expérimentations sont *reproductibles*. Les plus célèbres expérimentations de Piaget, comme celles relatives à la conservation, sont de fait très faciles à reproduire. Vous n'avez pas besoin d'un dispositif sophistiqué. Vous n'avez pas besoin de sélectionner « les bons enfants » : presque tous pourront se prêter à l'exercice. Il vous suffit de poser aux enfants exactement les mêmes questions que Piaget – ou de vous en rapprocher autant que votre langue le permet. Vous n'avez pas besoin de manuels de notation compliqués pour enregistrer les résultats, moins encore de sessions d'entraînement préalables pour être en mesure d'observer les faits.

Troisièmement, les expérimentations mettent au jour *une séquence indexée à l'âge*. Ce qui compte, c'est l'âge des enfants, et de manière générale, si vous retrouvez les mêmes enfants quelques années plus tard – presque indépendamment des événements survenus dans l'intervalle tandis que Mère Horloge allait faire entendre son tic-tac ailleurs – les enfants vont réagir différemment. Sous la douce conduite de Piaget nous avons tout loisir de vérifier à travers ses expérimentations que les enfants sont maintenant *passés à un stade différent*.

Seul un génie de premier plan pouvait ainsi imaginer un grand nombre d'expérimentations qui ont toutes, ou presque toutes, ces trois caractéristiques. Ces trois caractéristiques font beaucoup, à elles seules, pour nous faire admettre la théorie de Piaget. Et peut-être mieux encore : ces caractéristiques très générales des expérimentations de Piaget sont bien suffisantes pour faire admettre à la plupart des gens l'idée générale d'une théorie piagétienne du développement cognitif, alors même que leur attention au contenu détaillé de cette théorie demeure très limitée. Voyons comment cela s'opère.

D'abord, le fait que ces expérimentations produisent des résultats impressionnants nous convainc facilement que, même si nous croyons bien connaître nos enfants, nous les connaissons en réalité très mal. Cela nous indique que nos enfants nous sont, dans une large mesure, des étrangers. Nous en concluons rapidement qu'il ne suffit pas d'être avec eux à longueur de journée pour les connaître. Nous avons pour cela besoin d'une théorie. L'expert, le théoricien, doit nous dire, à nous parents et professeurs, à quoi nos enfants ressemblent en réalité. Tel est le message qu'envoient les expérimentations impressionnantes de Piaget.

Il ne fait aucun doute que l'enseignant de CM1 que j'ai évoqué dans le chapitre précédent, celui qui me demandait : « À quoi ressemble le raisonnement d'enfants de CM1 ? » avait reçu ce message. C'était *lui*, l'enseignant de CM1, et moi j'étais le professeur d'Université. Il passait ses journées avec des élèves de CM1 ; moi non. Il n'en voulait pas moins que *je* lui dise à quoi ressemblent ces créatures avec lesquelles il passait toutes ses journées, ou du moins, à quoi ressemble leur raisonnement. Peut-être avait-il eu vent au cours de sa formation d'enseignant des expérimentations impressionnantes de Piaget et demeurait-il marqué par elles. Peut-être était-il pour cette raison disposé à apprendre de la bouche d'un supposé expert que les processus intellectuels de ces enfants mêmes qu'il fréquentait chaque jour étaient en réalité très différents de ce qu'il aurait pu inférer à partir de leur fréquentation régulière.

Deuxièmement, le fait que ces expérimentations soient reproductibles incite à penser que la science n'est pas loin. Selon toute vraisemblance, il doit y avoir une théorie scientifique que ces expérimentations viennent confirmer, une théorie sur le même modèle que celles qui trouvent une confirmation à travers les expérimentations physiques et chimiques, elles aussi reproductibles, et que nos collègues de sciences naturelles conduisent chaque jour.

Troisièmement, le fait que ces expérimentations procurent une séquence de résultats indexée à l'âge rend pratiquement incontestable la conclusion selon laquelle le développement cognitif serait un processus *de maturation*, en fait un processus de maturation assez analogue aux processus de maturation biologique qui nous sont familiers. Nous savons qu'il serait nocif d'essayer d'apprendre à marcher à un nouveau-né. Ses os, ses muscles et son système nerveux doivent d'abord être mûrs pour cela. De la même manière, à partir des expérimentations de Piaget, il devient clair comme de l'eau de roche qu'il serait nocif d'apprendre aux enfants autre chose que ce qui est « approprié à leur âge ». Les os de l'esprit et les muscles de l'âme doivent être mûrs, eux aussi.

Sans entrer ici dans le détail des expérimentations de Piaget, et sans considérer les contenus spécifiques des théories qu'il soutient à partir de ces expérimentations, je voudrais maintenant relier cette caractérisation générale de Piaget à une question qui se dégage tout naturellement du chapitre 1, à savoir : cela vaut-il la peine d'*encourager* les enfants à faire de la philosophie ? Considérons d'abord l'aspect de la maturation, c'est-à-dire l'aspect qui semble être mis au jour par des séquences indexées à l'âge – séquences de réponses opportunément différenciées aux questions de Piaget. Cet aspect conduit naturellement tout un chacun à se demander si l'exercice de la philosophie est une activité *mature* ou au contraire *immature* sur le plan cognitif. Si c'est une activité mature, alors on ne doit pas s'attendre à ce qu'une personne qui n'est pas mature sur le plan cognitif s'y engage de façon naturelle. En l'occurrence, nous ne devrions pas nous attendre à ce que l'exercice de la philosophie soit une activité spontanée de l'enfance. Les preuves ou les preuves apparentes du contraire – telles que celles introduites dans le chapitre 1 – devraient être tenues pour hautement suspectes. À première vue, elles seraient à imputer soit à 1) une surinterprétation des données consistant à plaquer une pensée philosophique sur des mots d'enfant ; soit à 2) une compréhension insuffisante de ce qu'est réellement la philosophie, à partir de laquelle on prendrait pour de la vraie philosophie des remarques et des questions qui ne seraient qu'apparemment philosophiques.

Quant à encourager les enfants à faire de la philosophie, si la philosophie est une activité mature sur le plan cognitif, ce serait inutile et peut-être même dommageable à l'enfant, comme lorsqu'on essaie de faire marcher un nouveau-né. Faire de la philosophie ne serait pas une activité « appropriée à l'âge » des enfants, en particulier des jeunes enfants.

Voici donc ce que l'on pouvait dire en partant du principe que faire de la philosophie est une activité mature sur le plan cognitif. On pourrait à l'inverse partir du principe que la philosophie est une activité immature. Dans ce cas on pourrait évidemment s'attendre à trouver des enfants naturellement enclins à la philosophie, mais alors il serait absurde de les encourager dans cette voie, puisque ce serait de toute façon un penchant que les enfants normaux seraient appelés à dépasser en grandissant. (Dans cette perspective, les philosophes professionnels comme moi seraient des enfants qui, sur ce point important, auraient oublié de grandir).

Mais rien de tout cela ne correspond ni à ce que nous savons des enfants ni à ce que nous savons de la philosophie. Prenons le point de vue consistant à tenir la philosophie pour une activité mature sur le plan cognitif et à ce titre censément absente de la liste des activités pratiquées spontanément par les enfants et inappropriée dans la perspective de leur instruction. J'ai moi-même pu établir, par exemple dans *Philosophy and the Young Child*, que des jeunes enfants font assez spontanément des remarques, posent des questions et même s'engagent dans des raisonnements que des philosophes professionnels peuvent reconnaître comme philosophiques. Dans ce livre, quand Ian, alors âgé de six ans, demande à sa mère d'intervenir parce que les trois garnements des invités de ses parents ont pris le contrôle de la télévision et qu'ils l'empêchent de regarder son programme préféré, il demande par provocation : « Pourquoi être égoïstes à trois est-il mieux qu'être égoïste tout seul ? » Il renverse ainsi la justification utilitariste à ce cas particulier de maximisation, à savoir « rendre trois personnes *heureuses* plutôt qu'une seule ».

La question de Ian, même si elle est motivée par la colère et la frustration, est philosophiquement très perspicace. Elle ne relève pas de la proto-philosophie, de la quasi-philosophie ou de la semi-philosophie ; c'est de la philosophie à part entière, le même genre d'enquêtes et de questionnements qui occupent les philosophes professionnels dans leurs séminaires, leurs conférences et leurs discussions informelles entre eux (et ces philosophes sont peut-être également motivés, dans certains cas, par la colère et la frustration, ou par le besoin de trouver un emploi, plutôt que par le pur amour de la sagesse).

J'ai également pu établir, par exemple dans *Dialogues with Children*, que, même quand par le jeu de la socialisation les enfants ont cessé de faire spontanément de la philosophie – disons entre les âges de huit et douze ans –, ils ne manquent jamais une occasion de s'engager dans une réflexion philosophique dès lors que celle-ci leur est proposée de manière inventive. Le succès retentissant du Programme de philosophie pour enfants mis en place par Matthew Lipman et ses collègues apporte de nombreuses confirmations tout à fait probantes de cette même appétence.

Quant à affirmer que la philosophie est une activité immature sur le plan cognitif, cela ne correspond absolument pas à la réalité.

Il est vrai qu'il y a quelque chose de fondamentalement naïf dans la philosophie ; mais c'est une naïveté profonde et non une marque d'immaturité. Reprenons les anecdotes que j'ai rapportées à propos de Kristin dans le premier chapitre. Dans la première, Kristin, alors âgée de quatre ans, avance l'hypothèse selon laquelle « le monde est entièrement fait de couleurs ». Dans la seconde, maintenant âgée de cinq ans, elle exprime sa gratitude pour l'existence des lettres, « parce que s'il n'y avait pas de lettres, il n'y aurait pas de sons ; s'il n'y avait pas de sons, il n'y aurait pas de mots ; s'il n'y avait pas de mots, nous ne pourrions pas penser ; et si nous ne pouvions pas penser, il n'y aurait pas de monde ». Si ça c'est de l'*im*maturité, que reste-t-il à la maturité ?

Une des façons de résoudre ce dilemme maladroit qui apparaît quand on se demande si la philosophie est une activité mature ou immature sur le plan cognitif consiste à dire qu'elle est tantôt ceci, tantôt cela. Piaget lui-même a plusieurs fois avancé l'idée que les enfants, dans leur développement cognitif, récapitulent l'histoire de la philosophie occidentale. Cette conception récapitulationniste est apparentée à la proposition de Dr Spock que j'ai discutée dans le chapitre précédent, mais elle resserre la focale sur une période de l'histoire qui est, à l'échelle cosmique, relativement récente.

Selon cette proposition, les enfants entrent dans la vie comme des petits présocratiques [1]. Ils progressent pour devenir successivement des platoniciens, des aristotéliciens, des scolastiques, des cartésiens, et peut-être enfin des empiristes britanniques. À mon avis, aucun fait ne vient corroborer cette hypothèse de développement général. Mais supposons que de tels faits existent : le problème de la maturité n'en

1. Voir en particulier l'article de Piaget « Philosophies d'enfants », dans C. Murchison (ed.), *A Handbook of Child Psychology*, 2ᵉ éd., Worcester, Massachusetts, Clark University Press, 1933, p. 534-547. « Nous commençons à prendre la mesure du grand intérêt des interprétations proposées par les enfants d'un point de vue historique. Elles rappellent en effet étroitement les conceptions d'Anaximandre, Anaximène, et des autres présocratiques. [...] On constate par exemple d'emblée à quel point la loi d'identification rappelle la loi de condensation et de raréfaction attribuée à l'école présocratique » (p. 544).

serait pas pour autant résolu, à moins de supposer que l'histoire de la philosophie elle-même relève d'un processus de maturation. Et même si d'aucuns souscriraient sans doute volontiers à cette idée erronée, il serait assez facile, je pense, de montrer que sur n'importe quelle échelle de maturité un peu conséquente, Platon n'a rien à envier à Quine, Kripke, Habermas ou Derrida.

Pour reprendre à nouveau les anecdotes sur Kristin, j'ai déjà indiqué qu'il y a au moins certaines affinités ponctuelles entre l'idée de Kristin selon laquelle le monde est fait de couleurs et les idées familières que les Milésiens présocratiques – Thalès, Anaximandre et Anaximène – ont avancées à propos de la « matière du monde ». J'ai également indiqué que nous pouvons relier le raisonnement époustouflant de Kristin allant de l'absence de lettres à l'absence de monde à un philosophe présocratique ultérieur, Parménide. Après tout, Parménide a dit quelque chose comme « C'est la même chose, de pouvoir être pensé et de pouvoir être ».

À supposer même que Parménide ait été un penseur plus mature que les Milésiens, il relève d'une certaine évidence qu'on ne peut pas être plus *mature* philosophiquement que quelqu'un qui est capable d'affirmer que « sans mots, il n'y aurait pas de pensée, et sans pensée, il n'y aurait pas de monde ». Cette remarque est incroyablement proche d'un idéalisme absolu, elle est également proche du déconstructionnisme contemporain. À l'âge de douze, vingt ou quarante-huit ans, Kristin pourra peut-être contester ce raisonnement, ou elle pourra plus vraisemblablement l'oublier et passer à autre chose ; mais dans l'un ou l'autre cas, le changement ne sera pas lié au fait qu'elle est devenue une penseuse plus *mature*.

Lorsqu'on se tracasse de ne pas réussir à intégrer cette philosophie enfantine à l'histoire du développement cognitif qui s'écrit à partir des expérimentations impressionnantes de Piaget, on pourrait essayer de se tirer d'affaire en affirmant que la philosophie n'a en fait rien à voir avec le développement cognitif. Peut-être le goût pour l'exercice philosophique et la capacité d'y réussir apparaissent au cours de l'enfance de manière relativement indépendante des capacités cognitives qui intéressent les psychologues.

Bien sûr, nous pouvons faire de l'expression « développement cognitif » un terme technique recouvrant toutes les choses que nous apprennent les expérimentations impressionnantes de Piaget. Et alors il deviendra exact, je pense, que la philosophie est quelque chose de périphérique par rapport au développement cognitif – quoi que ce développement, ainsi entendu, s'avère être, ou pour le dire autrement : quelles que soient en fin de compte les meilleures explications de ces expérimentations impressionnantes. (Il pourrait s'avérer, par exemple, que ces réponses différentielles soient en grande partie liées à la socialisation progressive. Mais il n'est pas utile de développer ce point ici).

Si nous choisissons cette dernière option, une question surgit immédiatement : devrions-nous, en tant que parents et enseignants, nous impliquer dans le raisonnement philosophique des jeunes enfants, et pas seulement dans leur développement cognitif – si le développement cognitif est maintenant réduit à ce qu'en dit Piaget ? Pour ma part, il ne fait aucun doute que la réponse est oui. Mais que j'aie tort ou raison, il apparaît qu'il n'y a aucun secours à trouver dans cette vérité à présent triviale selon laquelle la philosophie n'a rien à voir avec le développement cognitif.

Revenons à cet enseignant de CM1 qui m'avait surpris en me demandant à quoi ressemblait le raisonnement d'un élève de CM1. Je suppose qu'il croyait que je serais en mesure de lui apprendre quelque chose d'intéressant et d'utile à propos du *stade* de développement cognitif correspondant à des élèves de cet âge, peut-être lui relater les résultats de quelque expérimentation à la mode de Piaget en lui donnant un brin de théorie pour lui permettre de s'approprier ces résultats impressionnants.

Peut-être ai-je donné plus tôt l'impression qu'en tant que philosophe ce genre de choses ne relevait pas du tout de ma compétence. Mais je crois en réalité que les philosophes ont un service à rendre aux parents et aux enseignants non-philosophes, un service qui correspond au moins partiellement à ce que mon enseignant de CM1 attendait de moi.

Les philosophes, qui dédient leur vie à l'étude des questions profondément naïves de la philosophie, peuvent aider les parents et les enseignants à reconnaître et à apprécier quelques-unes des questions naïvement profondes de l'enfance. Ne nous y trompons pas, un philosophe ne vous dira jamais : « À l'âge de cinq ans, vous êtes en droit d'espérer que votre fille, si elle est normale, commence à se préoccuper du problème du monde extérieur ». Ou « À l'âge de sept ans, vous êtes en droit d'espérer que votre fils, s'il est sur les bons rails du développement, s'intéresse au problème de l'induction ». Ce qu'un philosophe professionnel peut faire, c'est rassembler des exemples de raisonnement philosophique chez des jeunes enfants, et à partir de là, en confrontant ces pensées enfantines à notre tradition philosophique, aider les parents et les enseignants à reconnaître la philosophie chez leurs enfants, à la respecter quand elle se manifeste, et même à y prendre part et à l'encourager quand l'occasion se présente.

Considérons l'anecdote extraite du roman de Christa Wolf récemment paru, *Incident*. La narratrice du roman a une conversation téléphonique avec sa fille au sujet de son petit-fils, un garçon vraisemblablement âgé de six ou sept ans. La maman du garçon parle d'abord, puis la grand-mère (qui est aussi la narratrice).

> Il va faire des tours dehors toute la journée avec son vélo. [...] À propos, il s'intéresse en ce moment aux dernières questions de l'existence. Aujourd'hui par exemple, alors qu'il était assis sur la cuvette, il a demandé à son père à travers la porte : Dis papa, comment elle fait, la grande porte des cabinets pour entrer dans mon petit œil !
>
> — Dieu du ciel ! ai-je dit. Et ensuite ?
>
> — Sur ce, naturellement, son père lui a fait un dessin exact : la porte des cabinets, l'œil, dans lequel les rayons de lumière se croisent, le trajet du nerf optique jusqu'au centre de la vision dans le cerveau. Et il lui a expliqué que c'était le rôle du cerveau de ramener cette minuscule image à la dimension normale d'une porte de cabinets dans la conscience de celui qui la regarde.
>
> — Et puis ? Est-ce qu'il s'est contenté de cette réponse ?

> — Tu le connais, non. Tu sais ce qu'il a dit? Il a dit : Et comment est-ce que je peux être sûr que mon cerveau me donne la vraie dimension de la porte des cabinets?
> — Hum, ai-je fait au bout de quelques instants. Mais dis-moi, au fait, comment est-ce qu'on peut en être vraiment sûr?
> — Ah! écoute, tu ne vas pas t'y mettre toi aussi! [1]

Même s'il s'agit d'un incident raconté dans un roman, il est presque certain qu'il est basé sur un fait réel. L'enfant n'a pas de nom dans l'histoire, appelons-le Karl.

Le tracas de Karl à propos de la façon dont la porte des cabinets, qui est grande, peut entrer dans son œil, qui est petit, ressemble quelque peu au questionnement que mon fils avait eu un jour, et que j'ai retranscrit dans *Philosophy and the Young Child* (p. 8-9) :

> Je suis en train de coucher mon fils John, âgé de neuf ans. Il me regarde alors et me demande sans préavis : « Papa, pourquoi est-ce que je ne vois pas double, puisque j'ai deux yeux et que je peux te voir avec chacun des deux séparément?
> Que répondre?
> D'abord, je m'assure que j'ai bien compris ce qui le chagrine.
> — Tu as également deux oreilles, lui fais-je remarquer. Est-ce que ça t'étonne de ne pas entendre en double? »
> John fronce les sourcils.
> — Qu'est-ce que ça veut dire, entendre en double?
> — Eh bien, peut-être ma-ma voi-voix son-sonnerait co-comme ça-ça, dis-je.
> Il réfléchit.
> — Mais tes oreilles vont toutes les deux au même endroit.
> — Est-ce qu'il n'est pas possible que tes yeux aillent eux aussi tous les deux au même endroit?
> Il se concentre, réfléchit, puis fronce à nouveau les sourcils.
> — Tu me donnes un autre problème, proteste-t-il. Je veux réfléchir à ce que je t'ai dit.

1. C. Wolf, *Incident*, trad. fr. G. Riccardi, Paris, Stock, 1996, p. 157-158. Hans Ludwig Freese introduit son très délectable *Kinder sind Philosophen* (Berlin, Quadriga Verlag, 1989) avec cet admirable extrait.

C'est juste.
— C'est peut-être parce que l'image que tu obtiens avec ton œil gauche et celle que tu obtiens avec ton œil droit se rassemblent. Quand elles se rassemblent, ça forme une seule image.
Nous nous livrons à l'expérimentation avec deux doigts, l'un proche de nos yeux, l'autre un peu plus éloigné. Nous essayons de faire le point tantôt sur l'un, tantôt sur l'autre. Le but est de voir comment, en faisant le point sur celui qui est proche, nous pouvons voir le lointain en double, et vice versa. La conclusion est censée être que les deux images ne se rassemblent pas *toujours* en une, même si elles le font généralement.
Mon fils n'est pas satisfait. Il s'avère qu'il a élaboré de son côté – en assemblant divers éléments appris à l'école sur la vision et l'image rétinienne – une théorie de la vision très sophistiquée, selon laquelle une image entre dans chaque œil, est renversée puis re-renversée avant d'être projetée devant le sujet. Pas étonnant qu'il se tracasse de ne pas voir double…
Je lui conseille plusieurs trucs pour simplifier sa théorie, mais il refuse les simplifications.
— Je dois y réfléchir encore, dit-il, on en reparlera quand j'y verrai plus clair.

L'enseignant de John, comme le père de Karl, semblent avoir pensé que le fait que nous ayons des images rétiniennes explique comment nous pouvons voir. Mais, comme l'ont souligné des philosophes depuis Descartes et Leibniz jusqu'à nos jours, le fait que nous ayons des images rétiniennes porte son propre lot de problèmes. Nous avons deux images rétiniennes, et pourtant nous ne voyons pas double. Pourquoi donc ? (John). Ou encore : d'accord, la projection d'une image sur la rétine, en réalité d'une *toute petite* image sur la rétine, permet à un grand objet comme la porte des cabinets de rentrer dans quelque chose de petit comme un œil. Mais comment le cerveau peut-il se représenter la taille réelle des choses à partir de cette image miniature ? Et d'ailleurs, se représente-t-il de façon générale la taille réelle des objets ?

Je ne crois pas qu'il y ait un âge auquel il serait naturel que les enfants demandent pourquoi on ne voit habituellement pas double. Je ne crois pas non plus qu'il y ait un âge normal auquel on puisse s'attendre à ce que les enfants demandent comment il se fait que les grands objets que nous voyons puissent entrer par la petite ouverture de notre œil, ou comment nous pouvons être sûrs que notre cerveau fasse apparaître la porte des cabinets à sa taille réelle. Il est en revanche certain que beaucoup de jeunes enfants se posent des questions sur leur vision, et que certains le font d'une manière authentiquement philosophique.

Quoi qu'il en soit, les questions de Karl, comme celles de John, constituent une invitation à faire de la philosophie. Un parent ou un enseignant qui n'entendent pas ces questions, ou qui ne comprennent pas qu'elles sont davantage et tout autre chose que de simples demandes d'information, passent à côté d'une bonne occasion de faire de la philosophie. Ce parent ou cet enseignant passent également à côté de quelque chose d'intéressant et d'important à propos de Karl, de John et des autres enfants qui leur ressemblent. Et il y a là quelque chose dont on ne prendra pas la mesure à partir des expérimentations spectaculaires de Piaget ; il se peut même qu'elles nous empêchent de le voir.

Si j'ai raison sur tous ces points, ou même seulement sur certains d'entre eux, alors il devient impératif de ne pas laisser les expérimentations de Piaget, si spectaculaires soient-elles, établir nos programmes éducatifs ou définir à notre place les capacités de raisonnement dont disposent nos jeunes enfants.

CHAPITRE 4

PIAGET ET LA CONSERVATION

Pour l'instant, il est certain que je pourrais être accusé de développer une vision romantique de l'enfance. Je suis peut-être un romantique. Je concède que je veux encourager chez les adultes – en particulier chez les étudiants de l'Université qui suivent mes cours de philosophie, mais chez tous les adultes en général – une manière de questionnement naïf qui vient spontanément à beaucoup d'enfants, et qui ne vient que difficilement, souvent très difficilement, à beaucoup d'adultes.

On pourrait penser que Piaget est beaucoup plus sérieux que moi sur la question de l'enfance. Il mesure combien il est important pour des enfants de grandir. Il veut tous nous aider à mieux comprendre en quels sens la croissance mentale implique de surmonter ce qu'on pourrait appeler les « déficits cognitifs » de l'enfance.

Pour préciser ce que je veux dire sur Piaget, tournons-nous maintenant vers quelques-uns de ces supposés déficits et vers les progrès qui sont censés les éradiquer. Dans ce chapitre je vais m'attacher à montrer que même les développements cognitifs que Piaget retrace de la manière la plus convaincante ne sont pas les réalisations incontestables qu'elles pourraient sembler être à première vue.

Les expérimentations de conservation sont peut-être les plus célèbres du répertoire piagétien. Elles sont au cœur de sa contribution à l'étude de l'enfance. Elles lui offrent ce qu'il semble lui-même considérer comme un appui majeur pour soutenir que les jeunes enfants sont ce qu'il appelle des « phénoménistes égocentriques ».

Dans ce chapitre, je m'attacherai exclusivement à ce que disent Piaget et son collègue Bärbel Inhelder à propos de la conservation de la « substance », du poids et du volume chez les jeunes enfants. J'utiliserai à titre de source principale le livre de référence contenant les résultats de Piaget dans ce domaine, à savoir *Le développement des quantités physiques chez l'enfant / Conservation et atomisme* [1].

Piaget et Inhelder affirment au terme de leur étude que des enfants âgés de cinq à treize ans ont des façons identifiables de réagir (1) à la déformation d'une boulette d'argile, (2) à la dissolution de morceaux de sucre dans un bécher d'eau, (3) à la dilatation d'un grain de maïs, façons qui peuvent être réparties au sein de quatre stades principaux dont trois sont subdivisibles.

Stade I – jusqu'à 7 ou 8 ans
Stade II (A puis B) – de 8 à 10 ans
Stade III (A puis B) – de 10 à 11 ou 12 ans
Stade IV (A puis B) – 12 ans et plus

Dans les expérimentations sur la boulette d'argile, on présente d'abord aux enfants de l'argile sous la forme d'une boulette ; sous leurs yeux, la boulette est ensuite soit aplatie comme une galette, soit allongée en forme de boudin, soit encore sectionnée en fragments séparés (p. 7). Ensuite on interroge les enfants sur l'argile dans son nouvel état déformé ou morcelé : 1) Y a-t-il autant d'argile qu'auparavant ? 2) L'argile a-t-elle le même poids qu'auparavant ? 3) L'argile va-t-elle déplacer autant d'eau qu'auparavant (une fois plongée dans un bécher, va-t-elle faire monter l'eau au même niveau qu'auparavant) ?

Au premier stade, les enfants répondent « non » aux trois questions – même quand on a pesé devant eux l'agile déformée pour en révéler le poids, ou qu'on l'a plongée dans un bécher gradué pour en révéler le volume. Au stade II A les enfants hésitent dans leur réponse à (1) puis au stade II B ils disent « oui » à (1) mais continuent de répondre « non » à (2) et (3), malgré ce qui nous apparaît être

1. J. Piaget, B. Inhelder, *Le développement des quantités physiques chez l'enfant / Conservation et atomisme*, Neuchâtel, Delachaux & Niestlé, 1941 (3e éd.). Toutes les références de pagination dans ce chapitre renvoient à cette édition française.

une preuve empirique claire de la réponse « oui ». Au stade III A les enfants hésitent à propos de (2), puis au stade III B ils répondent « oui » à (2) comme à (1) mais continuent de répondre « non » à (3). Au stade IV A la réponse à (3) est hésitante, et finalement au stade IV B les enfants répondent « oui » aux trois questions.

À leurs expérimentations sur la boulette d'argile, Piaget et Inhelder ajoutent deux séries d'expérimentation – une à partir de morceaux de sucre et une autre à partir de grains de maïs. L'enfant estimera que le sucre demeure dans l'eau après dissolution complète des morceaux de façon certaine au stade II B et pas du tout avant le stade II A. Il estimera que le poids de la solution est le même avant et après dissolution du sucre de façon certaine au stade III B et pas du tout avant le stade III A. Enfin il estimera que le volume, tel qu'indiqué sur la graduation du bécher, restera le même après dissolution de façon certaine au stade IV B et pas du tout avant le stade IV A.

Les expérimentations avec le grain de maïs donnent les mêmes résultats sauf pour la réponse du stade IV B. À ce stade, Piaget et Inhelder indiquent que l'enfant formulera une hypothèse très complexe, à savoir que la somme des volumes des morceaux (atomes) qui composent le grain de maïs éclaté sera égale à la somme des volumes des morceaux qui composaient le grain non éclaté. Ils formuleront cette hypothèse, indiquent Piaget et Inhelder, même s'ils réalisent que, de toute évidence, le volume brut du grain est beaucoup plus important après l'éclatement qu'avant.

Au moment d'interpréter leurs résultats, Piaget et Inhelder font les remarques suivantes :

> … tandis que cette invariance de l'objet solide est acquise sur le plan de l'intelligence sensori-motrice dès la fin de la première année du développement, les notions de la conservation de la substance, du poids et du volume ne s'élaborent qu'au cours de la seconde enfance, soit entre sept et douze ans (p. 6).
>
> Le premier stade est donc caractérisé par l'absence de toute conservation, tant de la substance que du poids et du volume, celle de la substance n'étant même pas annoncée par des réactions de

> conservation partielle, lors de déformations de faible amplitude (p. 9).
> D'une manière générale le second stade est caractérisé par la découverte de la conservation de la substance, par opposition au poids et au volume (p. 14).
> Ce second sous-stade est caractérisé par une affirmation immédiate de l'invariance du poids, conçue comme une nécessité logique (p. 55).

Quels sont exactement les principes qui, pour Piaget et Inhelder, sont « construits » ou découverts durant ce processus de développement ? Ils ne le disent à aucun moment. Et le fait qu'à aucun moment ils ne se donnent la peine de définir les principes que les enfants semblent s'appliquer à découvrir, ou comme ils disent, à « construire », est assez révélateur de leur posture, à la fois vis-à-vis des enfants qu'ils étudient et des importantes questions métaphysiques et scientifiques en jeu dans ces expérimentations.

Examinons le principe de conservation du volume. L'idée ne peut pas être simplement que le volume d'un objet solide serait constant dans le temps : les ballons et les grains de maïs sont des contre-exemples manifestes. Est-ce la somme des volumes des atomes composant l'objet solide qui serait constante dans le temps ? Cela ne fonctionne pas davantage : les gens et les arbres croissent en volume, y compris au regard de la somme des volumes des atomes qui entrent dans leur composition.

L'idée serait-elle plutôt que les objets solides sont conservés en substance, en poids et en volume, à l'occasion de *certains types de transformation* ? Mais alors nous avons besoin de savoir à l'occasion de *quels types* de transformation ils sont conservés. Or il n'y a aucune précision chez Piaget et Inhelder sur les types de changement à l'occasion desquels la substance, le poids et le volume seraient conservés.

Peut-être la meilleure manière d'envisager ce à quoi Piaget et Inhelder pensent est-elle de se limiter à des cas où rien n'est ajouté ni soustrait à l'objet solide ou à la masse liquide. À partir de cette idée, nous arriverions aux formulations suivantes, correspondant à ces importants principes de conservation (où CS signifie conservation de la substance, CP conservation du poids et CV conservation du volume) :

(CS) On dispose à l'arrivée de la même quantité de *matière* qu'au départ, aussi longtemps que rien n'a été ajouté ou soustrait.

(CP) On dispose à l'arrivée de quelque chose qui *pèse* autant qu'au départ, aussi longtemps que rien n'a été ajouté ou soustrait.

(CV) On dispose à l'arrivée de quelque chose qui *déplace* exactement la même quantité de liquide qu'au départ (ou, à défaut, dont les atomes déplacent collectivement la même quantité qu'au départ), aussi longtemps que rien n'a été ajouté ou soustrait.

Ce sont en vérité de très beaux principes. Je n'en reconnais pas – résolument pas – la validité (j'y reviendrai plus loin), mais si l'on en croit Piaget et Inhelder, je suis passé par là comme tout le monde. Quoi qu'il en soit, j'insiste : ce sont de très beaux principes, intellectuellement très intéressants, et qui mettent fort bien en valeur ces philosophes naturels que sont les enfants.

Que se passe-t-il quand les enfants parviennent à admettre progressivement ces principes ? Voici ma propre interprétation.

Au premier stade, les enfants ont des notions de quantité d'objets et de masses pour le moins floues. Cela peut tout à fait être imputé, comme le suggèrent Piaget et Inhelder, au fait qu'un enfant va porter son attention sur une dimension exclusive au détriment des autres. Un enfant pourrait ainsi décider qu'un tas d'argile, ayant été étiré, est devenu plus grand qu'il n'était auparavant, et il pourrait le décider sur la base de sa seule longueur sans considération de son épaisseur.

L'évolution vers le stade II est liée au fait d'admettre les principes combinés (A) « Rien ne vient de rien » et (B) « Rien ne tombe dans le néant ». Ensemble (A) et (B) articulés avec l'hypothèse (C) « La substance ne peut pas être transformée en quelque chose qui n'est pas de la substance (par exemple de l'énergie) » donnent ce que Piaget appelle la conservation de substance (CS).

Pour (CP), les principales notions de poids aux stades I et II semblent être des idées quelque peu désorganisées de légèreté et de lourdeur ressenties. Il peut cependant y avoir d'autres idées, parfois même des idées incompatibles, par exemple l'idée qu'une boulette d'argile écrasée serait en fait plus lourde qu'elle ne l'était avant écrasement parce qu'elle réalise une pression sur une surface plus importante. En utilisant toutefois les notions dominantes, les notions de poids « ressenti », l'enfant conclura naturellement que l'argile est plus légère après que la boulette a été écrasée et le maïs plus léger après que le grain a éclaté.

Au stade III, il semble que l'enfant développe une notion de poids liée aux procédures de pesée classiques, par exemple à l'utilisation d'une balance. Une fois cette nouvelle notion disponible, l'enfant va comprendre que la déformation et la dissolution sont, à un niveau approprié d'analyse, de simples réarrangements des morceaux qui composent les choses. Et en poursuivant le raisonnement, puisque le poids de l'ensemble n'est que la somme des poids des parties qui le composent, ni la déformation ni la dissolution ne peuvent affecter le poids total.

Au stade IV les enfants développent la notion d'équivalence de volume tridimensionnel (avant ce stade, ils avaient travaillé avec une notion de taille floue et approximative). En outre, les enfants à ce stade comprennent que, bien que certaines transformations, comme l'éclatement du maïs ou la levée de la pâte à pain, produisent des objets dont le volume brut est modifié (ce que Piaget et Inhelder appellent le « volume global »), la somme des volumes atomiques (ce qu'ils appellent le « volume corpusculaire ») va rester le même – à moins bien sûr que quelque chose n'ait été ajouté ou soustrait.

Il semble que c'est aussi au stade IV qu'apparaît l'idée de densité envisagée comme une relation entre le poids, compris maintenant de manière objective, et le volume, conçu maintenant comme tridimensionnel. De façon plus impressionnante encore, c'est à ce stade que semble se développer l'idée que les différences de poids entre les corps de même volume peuvent être comprises comme des différences de compacité ou de jeu entre les atomes de ces corps, alors que les densités et même les volumes des atomes en eux-mêmes sont envisagés comme stables.

Ce qui me paraît tout à fait remarquable dans cette histoire, c'est qu'elle n'est pas loin de résumer l'atomisme classique – pas la théorie atomique moderne bien sûr, mais le système métaphysique élaboré par Démocrite et Leucippe au Ve siècle av. J.-C. et présenté des siècles plus tard par Lucrèce dans son *De rerum natura*. Les pensées exprimées dans le dernier paragraphe font par exemple écho à ce passage de Lucrèce :

> Enfin, pourquoi, parmi des objets de même taille, en voyons-nous certains peser plus que d'autres ? S'il existe vraiment autant de matière élémentaire dans une balle de laine et dans une balle de plomb, elles doivent peser autant, la fonction de la matière étant d'exercer sans cesse une poussée vers le bas tandis que le vide par nature reste sans poids. Donc, à grandeur égale, un corps plus léger montre clairement qu'il contient plus de vide. Le plus lourd au contraire prouve qu'il renferme davantage de matière et beaucoup moins de vide [1].

Comment doit-on considérer cette grande histoire de l'aventure intellectuelle qui semble se répéter dans la vie de chaque enfant au cours de son développement normal ? Pour moi, c'est l'histoire d'un passionnant épanouissement intellectuel, un exercice naturel de métaphysique spéculative. Piaget voit les choses différemment. Tout préoccupé qu'il est par l'idée que le développement cognitif des enfants est un processus de maturation tendu vers les compétences matures de l'adulte normal, Piaget voit cette histoire de la conservation comme un dépassement des déficits intellectuels de la première enfance, étape après étape. Au début de ce processus de développement, un enfant, selon Piaget, est incompétent à bien des titres. Acquérir progressivement les principes de conservation de la substance, du poids et du volume représente pour Piaget une grande victoire sur cette incompétence, la résolution de déficits cognitifs importants et avérés.

1. Lucrèce, *De la nature*, livre I, v. 358-369, trad. fr. J. Kany-Turpin, Paris, GF-Flammarion, 1998, p. 73.

Piaget et Inhelder mentionnent en particulier deux déficits éducatifs que les enfants surmontent quand ils parviennent à admettre (CS), (CP) et (CV). Il s'agit de l'égocentrisme et du phénoménisme. Ainsi, pendant le premier stade selon Piaget et Inhelder :

> la substance et le poids sont [...] tous deux évalués en fonction des rapports perceptifs immédiats imposés au sujet par son égocentrisme et son phénoménisme réunis. Du point de vue de l'égocentrisme, en effet, le poids se réduit à la qualité de ce que l'on pèse ou de ce que l'on meut, et la substance à la qualité de ce qui peut être saisi ou se retrouver visuellement. [...] Quant au phénoménisme, il consiste en ceci que les rapports perceptifs sont envisagés tels quels et non point recomposés et groupés en systèmes rationnels dépassant l'apparence (p. 58).

Au stade II, il est écrit que « le poids [...] demeure lié à l'égocentrisme et au phénoménisme du premier stade » (p. 58), et que l'émergence d'une conception objective du poids au stade III est qualifiée de « nouvelle victoire sur l'égocentrisme et le phénoménisme » (p. 59). Ils affirment que « l'égocentrisme phénoméniste subsiste au cours du stade III pour ce qui est du volume, tandis que [la dissociation du subjectif et de l'objectif] s'effectue au stade IV » (p. 78).

Que sont, dans ce contexte, l'égocentrisme et le phénoménisme ? Piaget et Inhelder ne se donnent malheureusement jamais la peine de définir clairement ce qu'ils entendent par ces termes. Ils suggèrent parfois que l'égocentrisme et le phénoménisme réunis forment la croyance que « les choses sont telles qu'elles apparaissent à la perception immédiate » (p. 92). Il y a ici un écho au grand sophiste grec Protagoras, à qui on attribue la formule : « l'homme [...] est la mesure de toutes choses, de celles qui sont pour ce qu'elles sont et de celles qui ne sont pas, pour ce qu'elles ne sont pas ». Pour Platon elle signifie que « telles "m'apparaissent à moi" les choses en chaque cas, telles elles "existent" pour moi ; telles elles "t'apparaissent à toi", telles pour toi elles existent »[1]. L'idée est qu'il n'existe rien

1. Platon, *Théétète*, 152a, dans *Œuvres Complètes*, t. 2, trad. fr. L. Robin et M.-J. Moreau, « Bibliothèque de la Pléiade » Paris, Gallimard, 1950, p. 97.

qui correspondrait à ce que la boulette d'argile est « en elle-même », rien qui permettrait par exemple de la qualifier en elle-même comme légère ou comme lourde. Si elle me semble lourde et qu'elle te semble légère, il n'y a rien à trancher.

Piaget semble penser que les enfants des premiers stades sont phénoménistes parce qu'ils s'arrêtent aux apparences (les phénomènes), c'est-à-dire à ce que les choses ont l'air d'être. Ils sont égocentriques en ceci que chaque enfant traduit toutes les questions à propos de la quantité en questions portant sur ce qu'il en semble « *pour moi* ».

Supposons qu'on demande à Nicole, au stade II : 1) Est-ce que la boulette d'argile qui a été roulée est plus lourde que l'argile en galette ? Aux yeux de la Nicole du stade II, la question ne peut que vouloir dire : 2) Est-ce que la boulette roulée te semble à toi plus lourde que l'argile quand elle était en galette ? Supposons que la réponse correcte à (2) est « Plus lourde » : si Nicole répond « Plus lourde » à la question (1), ce sera, nous disent Piaget et Inhelder, parce que sa seule façon de comprendre « Est-ce que la boulette est plus lourde ? » dans (1) est « Est-ce que la boulette te *semble* [phénoménisme] plus lourde *à toi* [égocentrisme] ? »

Serions-nous également avisés de comprendre cette incapacité comme la conséquence de l'égocentrisme et du phénoménisme de la petite Nicole ? Il semble assez bizarre de supposer que Nicole soit encore solidement amarrée dans son phénoménisme infantile. Après tout, une fois arrivée au stade II, d'après les propres résultats de Piaget, elle a déjà construit un concept non-empirique – c'est-à-dire non-phénoménal – de substance. Elle souligne qu'en dépit des apparences, si aucune portion d'argile n'a été ajoutée ni aucune retirée, il y a toujours la même quantité d'argile, même si elle semble maintenant plus lourde qu'auparavant.

De plus, dès le stade II A selon Piaget, les enfants estiment rapidement qu'il existe des atomes trop petits pour être vus. Ainsi, quand on demande à un enfant de ce stade ce qui est arrivé au sucre dissout, l'enfant répond : « Il est en miettes, en toutes petites miettes qu'on ne peut pas voir. – Et avec une loupe ? demande l'interrogateur.

– Non, c'est beaucoup trop petit, répond l'enfant » (p. 101). Pas très convaincant, encore une fois, pour justifier le chef d'accusation de phénoménisme infantile.

Quant à l'égocentrisme, il serait dans sa version extrême une incapacité complète à reconnaître qu'il existe seulement d'autres sujets ou d'autres points de vue. Sur la foi des travaux de Piaget sur les très jeunes nourrissons – qui ne semblent pas même avoir le concept de l'objet permanent – on a cru pouvoir affirmer que les nourrissons étaient absolument égocentriques. Néanmoins, même Piaget n'affirme pas que les enfants de la tranche d'âge que nous considérons (entre sept et douze ans) sont absolument égocentriques. Et aucun des résultats expérimentaux que lui et Inhelder relatent n'étaye une telle affirmation. Ce qu'on pourrait appeler un égoïsme modéré serait soit a) un manque d'intérêt pour la façon dont les choses sont perçues (sensations, apparences, etc.) par d'autres sujets soit b) une incapacité à imaginer comment les choses sont perçues (sensations, apparences, etc.) par d'autres sujets ou à partir d'autres points de vue.

De manière révélatrice, ces expérimentations ne s'intéressent jamais à la façon dont l'enfant envisage l'opinion des adultes ni des autres enfants : que répondraient les uns et les autres à ces questions sur la conservation ? Est-ce que Nicole pense que, pour Jacques aussi, l'argile en boulette est plus lourde que la galette ? Piaget et Inhelder ne posent pas la question. Ils n'essaient pas de déterminer si une enfant comme Nicole s'intéresse à la façon dont son camarade de classe ressent la boulette d'argile.

Étrangement, c'est aux « sensations » de la balance que pensent Piaget et Inhelder. « On ne saurait mieux montrer le caractère égocentrique de [cette approche que les enfants ont du poids] », écrivent-ils ; « [le poids est] cette qualité inquantifiable [qui affecte] la balance [...] exactement de la même manière que la main humaine » (p. 42). Leur idée semble être que ces enfants sont égocentriques parce qu'ils sont incapables d'imaginer comment la balance va ressentir l'argile ! C'est certainement une très mauvaise façon de comprendre ce qui se passe.

Le problème n'est pas vraiment de passer d'une Nicole qui n'est pas douée pour imaginer comment la balance va ressentir l'argile à une Nicole qui devient meilleure pour prendre en compte les sensations de la balance. Elle apprend plutôt à faire la distinction entre notre ressenti des choses et leur réalité, dans tous les cas de figure où des balances sont susceptibles de l'aider à caractériser, au regard de leur poids, la réalité des choses.

J'en conclus que l'affirmation selon laquelle ces découvertes de la conservation montrent que les enfants surmontent progressivement l'égocentrisme et le phénoménisme est dépourvue de fondement.

Une fois que nous avons mis de côté les affirmations de Piaget et Inhelder relatives à l'égocentrisme et au phénoménisme, peut-on néanmoins dire que les enfants surmontent d'importants déficits cognitifs à mesure qu'ils avancent dans ce processus de développement ? Avant de répondre à cette question, nous devons nous demander de quels statuts jouissent les principes (CS), (CP) et (CV). Sont-ils des vérités de la raison – ce que les philosophes appellent des vérités *a priori* ? S'ils ne le sont pas, sont-ils des lois scientifiques fondamentales ? Et s'ils ne sont ni les unes ni les autres, sont-ils du moins des vérités empiriques importantes ?

En réalité, ces principes ne peuvent être ni des vérités *a priori*, ni des vérités scientifiques fondamentales, pas même à un moindre niveau des vérités empiriques. Et la raison en est que ce ne sont pas des vérités du tout : ils sont tous faux.

Comme Piaget et Inhelder le font clairement apparaître au cours de leur propos, ce qu'ils appellent la conservation de la substance est un principe de conservation de la *matière*. Mais comme l'apprennent des enfants plus âgés dans leurs cours de physique au lycée, ce n'est pas la matière mais le rapport masse/énergie qui se conserve en toutes circonstances. Ainsi (CS) est faux.

Pour (CP), beaucoup voire la plupart des enfants d'aujourd'hui ont entendu parler de l'« apesanteur » à propos des voyages dans l'espace. Ils savent donc que (CP) n'est pas en vigueur dans une navette spatiale. Et ainsi, bien avant d'avoir eu leur premier cours de physique, ils savent que (CP), en tant que principe universel, est également faux.

De la même manière, (CV) est également contestable. Il n'y a pas si longtemps, j'ai lu dans le *New York Times* un article au sujet d'un scientifique de l'Iowa qui a inventé une sorte de caoutchouc inversé. S'il est étiré dans une direction, il s'étend dans toutes les autres. L'auteur du *Times* commente (sans même mentionner Piaget) : « À première vue, un tel matériau semble violer la loi de Conservation du Volume. Mais en réalité une telle loi n'existe pas – contrairement à l'énergie, le volume n'est pas une quantité qui doit nécessairement demeurer constante au sein d'un système physique [1] ». Quoique (CS), (CP) et (CV) soient tous faux, les « construire » représente pourtant un progrès important. Comme je l'ai déjà signalé, (CS) me semble en particulier intéressant. Le fait que les enfants n'arrivent pas par leurs propres moyens à l'idée que la masse peut être transformée en énergie ne doit pas ternir leur succès dans la construction de (CS). Piaget lui-même indique que (CS) n'a pas été obtenu sur la base des observations. Comme les expérimentations le montrent, les enfants acquièrent (CS) bien avant de supposer que le poids (tel qu'il est révélé par la balance) ou le volume (tel qu'il est révélé par le niveau d'eau dans le bécher) est conservé.

D'une façon ou d'une autre, chaque enfant est conduit à penser quelque chose comme : « Rien n'a été ajouté et rien n'a été soustrait ; il doit donc rester la même quantité de matière, c'est juste maintenant dans une forme différente, avec un poids et un volume différents ». C'est un merveilleux exercice de métaphysique rationaliste. Il s'avère pourtant que le monde ne coopère pas puisqu'il permet la transformation de matière en énergie ; mais personne n'a jamais pu découvrir ça en raisonnant à partir de boulettes d'argile écrasées et de carrés de sucre dissous.

1. « A Perverse Creation of Science : Anti-Rubber » [Une création perverse de la science : l'anti-caoutchouc], *New York Times*, 14 avril 1987, C8.

On ne peut donc pas dire que le développement cognitif que Piaget retrace avec ses expérimentations sur la conservation représente l'éradication de déficits cognitifs réels, tandis que la pensée philosophique que je prise n'est qu'une sorte de jeu intellectuel gratuit. Premièrement, parce que ce que les progrès que Piaget vante ne relèvent pas de la prise de conscience de vérités, mais plutôt de la construction de principes intellectuels intéressants, qui s'avéreront tous faux *a posteriori*. Même s'il est essentiel pour la maturité cognitive que les enfants s'engagent dans un cheminement progressif qui les amène à acquérir successivement (CS), (CP) et (CV), ce développement ne peut être considéré comme une victoire définitive de la vérité sur le mensonge.

Deuxièmement, parce que bien des aspects du développement que Piaget retrace sont en fait plutôt philosophiques. La « construction » de (CS), avec ses principes constitutifs – 1) Rien ne vient de rien, 2) Rien ne tombe dans le néant –, est en particulier philosophique à souhait. De même que la théorie atomique qui commence à émerger dès le stade II ; comme Piaget le note lui-même, cette théorie est assez similaire aux théories philosophiques antiques de Démocrite et de Leucippe. Elle ressemble beaucoup moins à la théorie atomique moderne, qui, quoiqu'elle utilise le terme d'« atome » (qui signifie à l'origine « chose indivisible »), ne reconnaît plus l'idée qu'il y aurait vraiment des particules « ultimes », indivisibles.

La théorie atomique des enfants comprend l'idée que chaque atome a un volume déterminé. Dans cette théorie, il est pertinent d'affirmer par exemple que la somme des volumes des atomes dans un grain de maïs éclaté est la même qu'avant l'éclatement. Dans la théorie atomique moderne, au contraire, l'idée du volume d'un atome n'a aucune application évidente.

La théorie atomique des enfants est une merveilleuse construction intellectuelle, c'est en réalité une construction philosophique. Nous serions avisés de ne pas dénigrer sa beauté intellectuelle au motif que dans le monde réel (CV) est faux.

Ainsi la principale différence qui me sépare de Piaget est celle-ci : alors que Piaget cherche à établir une séquence des développements cognitifs que l'on est censé observer chez tous les enfants normaux et qui finit par constituer une séquence indexée à l'âge, je m'intéresse également, par exemple, à l'hypothèse de Kristin selon laquelle le monde entier est composé de couleurs, même s'il n'existe aucun âge auquel on peut espérer que tous les enfants, ni même la plupart, en viennent à formuler cette idée.

Je voudrais terminer sur une remarque. Le fait que chacun d'entre nous puisse penser que (CV) est un principe juste, et pas simplement des enfants d'un certain âge, continue de m'intriguer. J'aimerais me représenter plus clairement que je ne le fais actuellement ce qui rend (CV) si vraisemblable, même s'il s'avère être faux.

Au XVIIe siècle se tint un intéressant débat pour savoir si chaque corps, si petit soit-il, est intrinsèquement élastique ou si au contraire les très petits corps, les atomes, sont rigides et impénétrables. Si les atomes sont rigides, alors l'élasticité est une propriété des corps composés d'atomes, par exemple une balle en caoutchouc. Elle pourrait être comprise comme la capacité de ces grands corps (comme la balle en caoutchouc) à laisser ses atomes constituants se regrouper ou s'espacer plus ou moins.

Ce débat pour déterminer si l'élasticité est une propriété intrinsèque de tous les corps, y compris des atomes, ou si elle est seulement une propriété des corps composés d'atomes, est crucial pour (CV). Évidemment, si les atomes sont eux-mêmes élastiques, (CV) ne tient plus.

Je trouve ce débat passionnant. J'aimerais comprendre, mieux que je ne le fais à présent, ce qui donne à chacune des parties prenantes sa crédibilité. Ce genre de curiosité me démarque aussi de Piaget et d'Inhelder. Car s'ils ont jamais été intéressés par des débats de cette nature, ils ont su le dissimuler très habilement à leurs lecteurs.

CHAPITRE 5

LE DÉVELOPPEMENT MORAL

Est-il avisé de penser le développement moral comme un déplacement de concept ? Autrement dit, est-il avisé de concevoir le développement moral comme le remplacement d'un concept moins satisfaisant d'honnêteté, de courage, de justice, d'obligation, etc. par un meilleur concept, suivi du remplacement de celui-là par un autre encore meilleur ?

Où cela nous mène-t-il concrètement ? Considérez le concept d'obligation morale. On pourrait se figurer qu'un enfant ne dispose au départ que d'un concept d'obligation très externe. Selon ce « concept de départ », l'obligation serait quelque chose dont quelqu'un *d'autre* vous tiendrait responsable, non pas une responsabilité que vous vous donneriez à vous-même. Le « quelqu'un d'autre » en question serait une figure d'autorité – Mère, Père, Enseignant, Prêtre, Policier. Le concept associé d'être tenu responsable aurait également un caractère très externe en ceci qu'il se rapporterait soit à la menace d'un châtiment corporel, soit à la promesse d'une récompense matérielle.

Supposons par exemple que Mère me demande de ne pas me jeter sur le pot de biscuits. Elle sort faire des courses à l'épicerie et me laisse seul à la maison. Je suis obligé de m'abstenir de manger le moindre biscuit jusqu'à son retour. Si je suis très petit, peut-être que ma compréhension d'être tenu responsable de ne pas toucher au pot de biscuits se limitera à la conscience que si je prends en effet un autre biscuit et que Mère s'en rend compte, je vais sans doute me prendre une bonne fessée.

Acquérir un concept plus avancé d'obligation pourrait alors consister à acquérir un concept un peu plus interne de ma responsabilité de ne pas toucher au pot de biscuits. La menace du châtiment corporel et la promesse d'une récompense matérielle pourraient ne plus jouer un rôle essentiel dans la compréhension de mon obligation. À la place, la crainte que Mère ne manifeste sa déception dans son regard serait peut-être une menace suffisante. À ce moment cependant, mon concept d'obligation demeurerait encore passablement externe en ceci qu'il faudrait encore quelqu'un d'autre que moi, une figure d'autorité, pour me tenir responsable de tout ce que je suis obligé de faire.

À un troisième stade de développement moral, selon ce modèle par déplacement de concept, je pourrais finalement apprendre à fonctionner comme ma propre figure d'autorité, mon propre « législateur ». Je pourrais alors reconnaître l'obligation de respecter les souhaits de ma mère, l'obligation d'être courageux ou de dire la vérité, même lorsque ni Mère, ni Père, ni Enseignant, ni Prêtre ne sont vraisemblablement en mesure de vérifier ce que je fais. Certes, je pourrais souhaiter obtenir l'approbation de quelque figure d'autorité ; je ne suis après tout qu'un être humain. Et si j'ai menti ou si j'ai fait preuve de lâcheté, il ne fait aucun doute que j'aimerais autant qu'aucune figure d'autorité ne s'en rende compte. Mais à ce troisième stade, je ne trouverais rien d'étrange ou de paradoxal à l'idée que j'aie l'obligation, par exemple, de ne pas lire un courriel destiné à mon collègue de travail, même si cette responsabilité ne m'a jamais été imposée par mes parents, par mes enseignants, ni même par mon patron, même si elle n'est adossée à aucune promesse de récompense externe, ni à aucune menace de châtiment externe.

Est-ce une bonne manière de concevoir le développement moral ? Une certaine prise de conscience devrait nous inviter à la prudence : selon ce modèle de développement moral, les enfants qui se situent au premier stade de ce processus ne seraient encore que « pré-moraux ». Et la raison pour laquelle ils ne seraient que pré-moraux est que leur concept d'obligation comme conscience qu'ils vont probablement être punis s'ils font ceci ou cela n'est pas du tout un concept d'obligation *morale*.

Pour vérifier qu'il en est ainsi, imaginez que je vive dans un État policier. Je peux accepter de rendre compte à la police des activités quotidiennes de mon voisin ; je peux accepter de le faire même si je considère qu'un tel acte de délation est répugnant, et peut-être même immoral. Je peux le faire quand même, poussé par la peur de perdre mon travail en cas de refus. Quoi qu'il en soit, je peux accepter l'obligation que la police m'impose d'espionner mes voisins sans avoir la pensée qu'il s'agisse d'une obligation morale, et sans qu'il s'agisse pour moi d'une obligation morale.

Si le concept d'obligation dont les enfants disposent n'inclut aucune reconnaissance, à quelque niveau que ce soit, du caractère proprement moral d'au moins certaines des actions auxquelles ils se sentent obligés, alors leur concept d'obligation n'est pas du tout un concept d'obligation morale. Ce n'est que la reconnaissance que certaines actions nous valent d'être punis et que d'autres nous valent d'être récompensés.

Certains s'accommoderont fort bien de cette conséquence du modèle de développement moral par déplacement de concept. Ils adhéreront à l'idée que les jeunes enfants ne sont en effet que des agents pré-moraux. Dans leur perspective, le concept d'obligation dont dispose un enfant n'a de rapport avec la moralité qu'en ce sens très restreint que l'on doit disposer d'un tel concept pour pouvoir le remplacer plus tard par un concept au contenu réellement moral. C'est donc à proprement parler un concept pré-moral.

Je regarde au contraire cette conséquence comme suffisante à elle seule pour disqualifier l'approche par déplacement de concept dans tout effort de compréhension du développement moral. Cela ne signifie pas que je tienne les jeunes enfants pour moralement meilleurs que ce que l'approche par déplacement de concept permet de saisir, mais du moins je pense que les jeunes enfants, et même les très jeunes enfants, sont de véritables agents moraux. Ce disant, je ne me limite pas à affirmer qu'ils sont parfois aptes à bien agir ;

j'affirme qu'ils sont parfois aptes à bien agir pour la bonne raison, ou du moins pour une bonne raison, une raison authentiquement morale. Peut-être ne sont-ils pas aptes à formuler convenablement les motifs pour lesquels ils remplissent leurs obligations, mais ils sont aptes à reconnaître et à accepter une obligation morale, reçue comme un impératif qui ne relève pour eux ni d'une menace de châtiment ni d'une promesse de récompense.

Ce que j'ai en tête est quelque chose d'assez ordinaire, qui n'est cependant pas dénué de profondeur. On peut se le figurer, je pense, à travers cette description et ce commentaire du comportement d'un très jeune enfant, Michael, âgé de seulement quinze mois à l'époque des faits :

> [Michael] et son camarade Paul se disputaient un jouet. Paul se mit à pleurer. Michael en fut visiblement affecté et il céda le jouet à Paul, mais celui-ci continua à pleurer. Michael marqua un temps d'arrêt, puis il eut l'idée de donner son ours en peluche à Paul, mais cela ne changea rien. Après un nouveau temps d'arrêt, Michael courut dans la pièce voisine, revint avec le doudou de Paul, le lui donna, et celui-ci arrêta enfin de pleurer.

Le psychologue Martin L. Hoffman, sans doute le meilleur spécialiste dans la recherche sur l'empathie chez les jeunes enfants, nous propose ce commentaire :

> Dans un premier temps, Michael croyait clairement que son propre ours en peluche, qui le console souvent, consolerait aussi son ami. Dans un deuxième temps, l'échec de cette première tentative a fait office pour lui de rétroaction corrective, ce qui l'a conduit à envisager d'autres options. Dans un troisième temps, si l'on s'intéresse aux processus sous-jacents contenus dans sa dernière intervention – intervention couronnée de succès – on peut envisager trois possibilités : 1) il a simplement imité un acte instrumental efficace dont il avait été témoin par le passé ; autrement dit, il avait déjà vu Paul retrouver le calme grâce à son doudou. Cette hypothèse peut *a priori* être écartée puisque les parents de Michael n'ont gardé aucun souvenir qu'une telle occasion se soit présentée. 2) En essayant de trouver quoi faire, Michael s'est rappelé avoir vu

> un autre enfant retrouver son calme grâce à son doudou, et cela lui a rappelé le doudou de Paul – une réaction plus complexe qu'elle n'en a l'air, car le doudou de Paul était alors en dehors du champ de vision de Michael. 3) Si jeune soit-il, Michael a pu raisonner en quelque sorte par analogie et conclure que Paul serait consolé par quelque chose qu'il aimait de la même façon que lui, Michael, aimait son propre ours en peluche [1].

Hoffman ajoute : « Je penche pour la dernière interprétation, même si elle consiste effectivement à supposer une réaction complexe pour un si jeune enfant ».

Il importe de noter que l'interprétation en faveur de laquelle Hoffman dit pencher ne peut rendre compte du comportement de Michael que dans la mesure où nous présupposons que Michael a, d'une certaine manière, pensé qu'il *devait* consoler Paul.

Quelle que soit la manière dont on interprète cet événement particulier, il me semble évident que *certains* très jeunes enfants agissent *parfois* de façons authentiquement morales, et non simplement pré-morales. Cela signifie qu'ils agissent avec une forme de compréhension que ce qu'ils font est une bonne chose, parce que cela vient en aide à quelqu'un, ou console quelqu'un, et non simplement parce que cela pourrait être une manière d'éviter un châtiment ou d'obtenir une récompense. Or l'approche du développement moral par déplacement de concept limite les enfants dans les premiers stades à une compréhension pré-morale de ce qu'ils font ; elle est pour cette raison contestable.

Voyons comment les choses s'articulent dans la plus influente théorie contemporaine du développement moral aujourd'hui, celle de Lawrence Kohlberg. Kohlberg expose des dilemmes moraux à des sujets et évalue leurs réponses, en particulier les *justifications* qu'ils proposent pour trancher les dilemmes, afin de situer chaque sujet

1. M. L. Hoffman, « Empathy, Role Taking, Guilt, and Development of Altruistic Motives » [Empathie, prise de rôle, culpabilité et développement de motivations altruistes], *in* T. Lickona (ed.), *Moral Development and Behavior*, New York, Holt, Rinehart and Winston, 1976, p. 129-130.

dans l'un des six stades (ou à peu près) de développement moral[1]. Le plus célèbre des dilemmes de Kohlberg est celui-ci :

> En Europe, une femme était sur le point de mourir d'une forme rare de cancer. Les médecins estimaient qu'un médicament pourrait la sauver : une sorte de radium qu'un pharmacien de la ville venait de découvrir. La production du médicament était coûteuse, mais le pharmacien avait fixé le prix en multipliant le coût de production par dix : il achetait son radium 400 $ et vendait une petite dose de médicament 4 000 $. Le mari de la femme malade, Heinz, fit le tour de ses connaissances pour emprunter de l'argent, mais il ne put rassembler que 2 000 $ environ, soit la moitié du prix demandé. Il dit au pharmacien que sa femme était en train de mourir et lui demanda de baisser son prix ou de lui faire crédit. Ce à quoi le pharmacien répondit : « Non, j'ai découvert ce médicament, et j'entends bien en tirer profit ». Heinz était désespéré et envisageait de s'introduire dans la pharmacie afin de voler le médicament dont sa femme avait besoin[2].

Comme je l'ai dit, les sujets se voient attribuer un certain stade de développement moral, non en fonction de ce qu'ils disent que Heinz devrait faire (par exemple, voler le médicament), mais plutôt en fonction de la *justification* qu'ils proposent, quelle que soit l'option qu'ils privilégient (par exemple, une réponse pourrait être : « Il devrait voler le médicament et l'administrer à sa femme car quand il s'agit de sauver la vie de quelqu'un, la question du vol devient accessoire »).

Au stade 1, le sujet manifeste ce que Kohlberg appelle « l'orientation à la punition et de l'obéissance ». Au stade 2, une ébauche de réciprocité apparaît, mais elle ne va guère au-delà du

1. Il y a des subtilités. Kohlberg et ses collaborateurs ont été amenés à introduire des sous-stades hétéronomes et autonomes pour chacun des stades définis, ainsi qu'un stade 7 additionnel. Dans le même temps, ils semblent avoir perdu leurs certitudes quant au stade 6. Voir L. Kohlberg, *Essays on Moral Development*, vol. 2 : *The Psychology of Moral Development : The Nature and Validity of Moral Stages*, New York, Harper and Row, 1984, chap. 3 et appendice C.

2. *Ibid.*, p. 640.

« Aide-moi et je t'aiderai en retour ». Les stades 1 et 2 constituent ce que Kohlberg appelle le « Niveau Préconventionnel » du développement moral.

Les stades 3 et 4 forment le « Niveau Conventionnel ». Au stade 3, l'individu a atteint « l'orientation du bon garçon ou de la gentille fille » ; au stade 4, « l'orientation à la loi et l'ordre ».

Les stades 5 et 6 constituent ce que Kohlberg appelle le Niveau « Postconventionnel », « Autonome » ou « des Principes ». Le stade 5 repose sur l'idée de contrat social. Enfin, au stade 6, « le bon choix est dicté par une décision de conscience, en accord avec des règles éthiques personnelles intégrées dans un ensemble logique et adossées aux principes d'universalité et de cohérence »[1].

En quelque trente ans d'investigation, Kohlberg et ses collaborateurs ont amassé une somme colossale de preuves attestant que ce développement se déroule dans un ordre immuable, en ceci que personne n'atteint le stade $n + 1$ sans être passé par le stade n, et qu'il n'y a jamais de régression observable à un stade antérieur[2].

Le schéma de Kohlberg semble présenter peu de biais culturels décisifs. (Par « biais culturel décisif », j'entends un biais qui ne peut pas être éliminé par une réécriture soignée des dilemmes de Kohlberg pour les adapter aux autres cultures.) Comme un chercheur l'a récemment montré :

> L'étude montre que le questionnaire de Kohlberg est assez facilement transférable à d'autres cultures, à condition que le contenu soit adapté de manière créative et que le sujet soit interrogé dans sa langue maternelle. Il est également apparu que l'affirmation d'une séquence fixe demeurait valable, les sauts de stade ou les régressions

1. « From Is to Ought : How to Commit the Naturalistic Fallacy and Get Away with It in the Study of Moral Development » [De "c'est" à "ça doit" : comment on tombe dans l'illusion naturaliste et comment on en revient dans l'étude du développement moral], *in* T. Mischel (ed.), *Cognitive Development and Epistemology*, New York, Academic Press, 1971, p. 165.

2. À vrai dire les régressions ont d'abord été considérées comme possibles, mais une amélioration de la théorie semble avoir résolu le problème. Voir L. Kohlberg, *Psychology of Moral Development*, *op. cit.*, p. 437-438.

à des stades antérieurs étant rares et toujours limités à un niveau relevant de la marge d'erreur [1].

Pour ces raisons-ci et d'autres, la théorie de Kohlberg est l'une des mieux structurées et des plus rigoureusement fondées dans le champ de la psychologie du développement. Néanmoins, beaucoup de personnes en sont profondément insatisfaites. Et peut-être mes remarques sur la faiblesse de l'approche par déplacement de concept pour comprendre le développement moral révèlent-elles en grande partie la source de cette insatisfaction.

La théorie de Kohlberg permet-elle de comprendre pourquoi le concept d'obligation dont dispose un enfant au stade 1 (« l'orientation à la punition et de l'obéissance ») ou au stade 2 (« Aide-moi et je t'aiderai en retour ») est un concept moral, même sous une forme encore rudimentaire ? La réponse est non.

Un disciple de Kohlberg pourrait répondre en soulignant que les deux premiers stades ne sont caractérisés que comme « niveau pré-moral ». L'idée est vraisemblablement que les concepts d'obligation dont dispose l'enfant à ces stades ne sont moraux qu'au sens où l'on doit développer chacun d'eux, puis passer à quelque chose d'autre, pour atteindre un concept authentiquement moral. Une telle réponse me semble irrecevable pour deux raisons. D'abord la supposition selon laquelle pas un seul sujet aux stades 1 et 2 n'aurait la moindre compréhension de ce en quoi consiste la moralité réelle est tout à fait invraisemblable. Ensuite une difficulté similaire réapparaît au moins au stade 3 et sans doute encore au stade 4. Quelqu'un qui se conforme aux attentes uniquement pour éviter la réprobation (stade 3) ou même qui agit de manière à préserver « l'ordre social établi dans son propre intérêt » (stade 4) [2] n'a pas, semble-t-il, *ou au moins pas pour ces raisons-là*, atteint une compréhension spécifiquement morale de l'obligation.

1. J. R. Snarey, « Cross-cultural Universality of Moral Development » [L'universalité transculturelle du développement moral], *Psychological Bulletin* 82 (1984), p. 226.

2. L. Kohlberg, « From Is to Ought », art. cit., p. 164.

Nous commençons à entrevoir que tous les stades avant le stade 5, ou même avant le stade 6, seraient en fait des stades prémoraux. Et comme, selon les recherches de Kohlberg, presque personne, et même peut-être personne, n'atteint le stade 6, et qu'une petite minorité seulement se hisse jusqu'au stade 5, nous sommes conduits à cette conclusion gênante qu'une large majorité de la population ne dispose tout simplement pas d'un concept d'obligation spécifiquement moral. Le problème n'est pas seulement que la plupart des gens n'agissent généralement pas de manière morale – ce ne serait guère une conclusion surprenante. Non, ce qui est ici à la fois très étonnant et très contestable, c'est la conclusion selon laquelle une large majorité de la population n'aurait aucune compréhension réelle de ce en quoi consiste la moralité.

Ce problème est accentué par le fait que Kolhberg lui-même définit la moralité en termes d'impartialité, d'universalisabilité, de réversibilité et de prescriptivité. Si Kohlberg a raison et si le jugement n'est moral que si et seulement s'il présente ces caractères formels, alors les concepts d'obligation dont on dispose aux stades inférieurs de développement ne sont pas des concepts moraux, même rudimentaires ; ce ne sont pas des concepts moraux du tout.

Pour illustrer concrètement ce problème, on peut recourir à un exemple imaginaire. Supposons que Susan, âgée de six ans, réponde à un questionnaire de Kohlberg et se révèle être au stade 1. Cela signifie que sa capacité à appréhender un *dilemme* moral et à résoudre un *conflit* moral, et plus précisément sa capacité à formuler une telle solution, sont très rudimentaires. Supposons maintenant qu'au cours d'une distribution de biscuits et de jus d'orange dans la classe de Susan, celle-ci reçoive deux biscuits par erreur tandis que James n'en reçoive aucun, et que chacun des autres camarades en reçoive un. Nous pouvons imaginer que Susan se réjouisse dans un premier temps de sa chance, mais qu'ensuite, réalisant que James n'a pas de biscuit du tout, elle lui donne l'un des siens. Elle aurait alors agi de manière juste, elle aurait fait ce qu'elle avait le devoir de faire, ce qu'en ces circonstances la moralité requiert.

Bien sûr, Susan pourrait avoir donné à James son biscuit supplémentaire par crainte d'être réprimandée pour avoir accepté deux biscuits alors que James n'en avait pas eu. Ou bien elle pourrait lui avoir donné le biscuit dans l'espoir de recevoir les louanges de sa maîtresse, ou un cadeau de James plus tard. Il se pourrait qu'elle ait eu ces motivations. Mais il n'y a en fait aucune raison de supposer qu'elle ait agi par crainte du châtiment ou par espoir de la récompense. En particulier, et c'est là le point décisif, le fait qu'elle n'atteigne que le premier stade à partir d'un questionnaire de Kohlberg ne signifie pas du tout qu'elle soit *incapable* d'agir par sens de la justice quand elle n'est *pas* confrontée à un dilemme moral, quand elle n'est pas *a fortiori* confrontée à la nécessité de résoudre un dilemme moral et de justifier sa solution.

Un kohlbergien répondrait que Susan n'a pas réellement le sens de la justice si son *raisonnement* moral en est au stade 1. Elle peut agir par mimétisme, ou agir en subissant la pression exercée par les adultes ou par ses pairs, mais elle n'agit pas réellement par sens de la justice tant qu'elle n'est pas à même de proposer un *raisonnement* correspondant au stade 5 ou au stade 6 pour résoudre un dilemme moral.

De mon point de vue, cette réponse kohlbergienne concentre son attention sur une seule des multiples dimensions du développement moral et ignore toutes les autres. Pour le montrer, permettez-moi d'esquisser une conception alternative du développement moral.

Pour chacun des principaux termes de jugement moral dans notre vocabulaire courant (par exemple, « moral », « immoral », « juste », « injuste », « honnête », « mensonger », « courageux », « lâche » et ainsi de suite), chacun de nous peut associer au moins une situation paradigmatique à laquelle nous estimons que s'applique bien le terme en question. Notre compréhension de ce que ces termes signifient dépend de notre capacité à assimiler d'autres cas à ces paradigmes.

Notre premier paradigme du courage est peut-être le fait de réussir à ne pas pleurer chez le docteur, lorsque l'aiguille de la seringue s'approche du bras. Pour le mensonge, mon paradigme pourrait être d'affirmer faussement que je n'ai pas mangé le bonbon de mon petit-frère quand il était sorti s'amuser. Pour la justice, le paradigme pourrait être la répartition équitable de biscuits entre les élèves d'une classe, de telle sorte que tout le monde en ait le même nombre.

On m'objectera que je commets ici une erreur de débutant, de celles que font toujours les malheureux interlocuteurs de Socrate dans les premiers dialogues de Platon. Un exemple de mensonge, même un exemple paradigmatique, n'est pas *ce qu'est le mensonge.* À l'évidence, continuent mes contradicteurs, seul quelqu'un qui peut définir « le mensonge » de manière satisfaisante sait ce qu'est le mensonge, et seule une telle personne a réussi à saisir la conduite immorale qu'on désigne proprement par le terme de « mensonge ».

Ma réponse est double. Premièrement, il n'est pas évident que quiconque parmi nous soit en mesure de proposer une définition entièrement satisfaisante du mensonge. (Rien d'étonnant dès lors à ce que les premiers dialogues de Platon s'achèvent dans la perplexité !) Et cependant nous avons bien, pour la plupart d'entre nous, une appréhension efficace de ce qu'est le mensonge. Par conséquent, avoir une appréhension efficace de ce qu'est le mensonge est une chose différente d'être capable de donner une définition entièrement satisfaisante du mensonge. En fait, cela peut consister à disposer d'une compréhension élémentaire des paradigmes centraux du mensonge, et à être capable de comparer d'autres cas à ces paradigmes pour déterminer si eux aussi devraient être comptés parmi les cas de mensonge.

Deuxièmement, la technique de Socrate dans les premiers dialogues de Platon repose sur la capacité de ses interlocuteurs (et de ses lecteurs !) à confronter des définitions proposées avec leurs propres intuitions. Ainsi Socrate rejette-t-il, dans le livre I de *La République*, la définition de la justice selon Céphale – « dire la vérité et remettre à autrui ce qu'on a bien pu recevoir de lui » [1] –

1. Platon, *La République*, dans *Œuvres Complètes*, t. 1, trad. fr. L. Robin et M.-J. Moreau, « Bibliothèque de la Pléiade », Paris, Gallimard 1950, p. 862.

en lui soumettant une question rhétorique : faut-il rendre une arme à son propriétaire si celui-ci est devenu fou dans l'intervalle ? La réponse attendue des lecteurs que nous sommes est : « Bien sûr que non ! » Mais sur quels fondements pouvons-nous répondre de la sorte, puisque nous ne disposons, à ce stade de la recherche, d'aucune définition satisfaisante de la justice ? À l'évidence, une telle mise à l'épreuve de définitions proposées à l'aide d'un contre-exemple ne serait qu'un exercice stérile si nous n'avions pas au préalable une appréhension efficace du terme de jugement moral en question. Avoir une telle appréhension peut consister à disposer d'une compréhension élémentaire des paradigmes centraux et à être capable d'évaluer d'autres cas en les comparant à ces paradigmes.

Dans l'approche qui est la mienne, le développement moral s'inscrit à l'intersection d'au moins cinq dimensions différentes. Premièrement, il y a la dimension des *paradigmes*. Une histoire inventée pour échapper à un châtiment est un bon premier paradigme pour le mensonge. Une fausse déclaration faite afin d'obtenir un avantage pour soi-même peut être un deuxième paradigme (Lisa dit qu'elle ne sait pas quelle heure il est – alors qu'en réalité elle le sait – pour pouvoir regarder la fin de son émission à la télévision). Une entente au sein d'un groupe pour défier l'autorité peut être un troisième paradigme (Albert dit au professeur qu'il n'a pas vu qui a lancé la boulette alors qu'il a très bien vu Léonard le faire).

Une deuxième dimension du développement moral concerne la capacité plus ou moins grande à proposer avec succès des *traits définitoires*. « Dire quelque chose de méchant comme l'a fait Louis » peut être un commencement simple mais pertinent. « Proférer quelque chose de faux » constitue un progrès. « Proférer quelque chose de faux en connaissance de cause » est mieux encore. « Dire quelque chose que vous savez faux pour tromper quelqu'un d'autre » est encore meilleur.

Il est toutefois important de reconnaître qu'aucune de ces définitions n'est entièrement satisfaisante. Considérons la dernière (« Dire quelque chose que vous savez faux pour tromper quelqu'un d'autre »). Supposons que la professeure cherche à démasquer celui qui a répandu de la moutarde dans le lavabo des toilettes de l'école. Elle a de fortes présomptions contre mon meilleur copain, Ben; elle a en outre une bonne raison de penser que je l'ai vu faire le coup, mais elle ne peut pas sanctionner Ben tant qu'elle n'a pas de témoin. Elle m'interroge, et je réponds que Ben n'a rien fait. La professeure peut très bien être consciente que je couvre mon camarade (je l'ai fait souvent par le passé). Il n'y a ici aucune intention de tromper. Je peux même être conscient que la professeure est consciente que je couvre mon camarade. Et pourtant, quand je dis que je n'ai pas vu Ben répandre la moutarde dans le lavabo des toilettes de l'école, je profère bel et bien un mensonge.

La dernière définition est donc encore contestable, et je ne sais pas comment la corriger. Peut-être quelqu'un trouvera-t-il une définition du mensonge adaptée à tout ce que nous savons intuitivement et qui soit en même temps instructive. Mais le point crucial est que personne n'*a besoin* d'être capable de faire cela pour avoir une appréhension efficace de ce qu'est le mensonge. Pour commencer, chacun peut se contenter de disposer d'une compréhension élémentaire de l'un des paradigmes centraux.

Une troisième dimension du développement concerne l'*éventail de cas* tombant sous chaque terme de jugement moral, et comment nous traitons les cas limites. Est-ce que signer un chèque en bois, lorsqu'on est conscient que le compte n'est pas provisionné, est un cas de mensonge? Une photographie peut-elle mentir? Est-ce mentir, pour un étudiant qui a été renvoyé de son université, que de continuer à porter la cravate de ladite université?

Une quatrième dimension du développement moral concerne l'*arbitrage des impératifs moraux contradictoires*, ou pour le dire de manière moins tendancieuse, l'arbitrage des impératifs moraux apparemment contradictoires. Parfois, dire un mensonge, ce n'est pas être méchant; parfois, c'est même un devoir. Comment est-ce possible? Quoiqu'il soit à première vue mauvais de dire un mensonge, un autre impératif moral peut surpasser ce devoir de dire la vérité. Nous nous développons moralement à mesure que nous parvenons à cheminer de mieux en mieux en pensée au travers de tels conflits, ou conflits apparents.

La cinquième dimension est celle de l'*imagination morale*. Michael, à seulement quinze mois, semble avoir eu l'imagination nécessaire pour comprendre la détresse de Paul et penser à lui apporter son doudou afin de le consoler. Même à ce très jeune âge, Michael était déjà très avancé dans cette dimension de l'imagination morale.

Bien sûr, l'expérience que Michael a du monde, sa compréhension du monde comme il va, seront très retreintes à quinze mois. Un très jeune enfant ne sera pas capable d'éprouver de l'empathie pour une victime de discrimination raciale ou de genre par exemple, parce que son expérience d'enfant et sa compréhension de la société sont trop restreintes. De façon générale, nous pouvons espérer progresser sur la voie de l'imagination morale à mesure que nous vieillissons et que notre expérience de la vie gagne en étendue et en profondeur.

Cela n'a cependant rien de nécessaire. Les gens se laissent submerger par les problèmes de la société autour d'eux ou progressivement accaparer par leurs obligations, et quand cela se produit, même un très jeune enfant dépourvu d'expérience peut rattraper son retard sur nous en un clin d'œil, par sa réaction empathique à l'encontre, par exemple, d'un sans-abri essayant de se réchauffer dans sa caisse en carton sous un pont. La question naïve d'un enfant peut réveiller notre imagination et notre compassion en sommeil, voire nous pousser à une action morale.

Dans l'approche que je préconise, le développement moral s'inscrit donc à l'intersection de ces cinq dimensions différentes. Kohlberg se concentre sur une seule d'entre elles, à savoir sur la quatrième (l'arbitrage des conflits ou dilemmes moraux). Mais bien avant d'avoir à régler des dilemmes moraux, *a fortiori* avant d'avoir à justifier la résolution d'un dilemme, l'enfant peut avoir une forte réaction empathique à la souffrance des victimes ou à l'injustice, et une compréhension élémentaire efficace des paradigmes centraux relatifs aux termes du jugement moral.

La plupart d'entre nous ne perdons jamais les paradigmes que nous avons commencé à assimiler pendant l'enfance. La répartition égale des biscuits demeure pour nous un paradigme de la justice distributive. À mesure que Susan va grandir et se développer moralement, nous pouvons espérer qu'elle va élargir son stock de paradigmes, de « donner équitablement des biscuits » à « distribuer équitablement des tâches de travail entre travailleurs de compétences différentes », peut-être à « refuser de changer les règles du jeu au milieu de la partie ». Et nous pouvons espérer que Susan va également se situer plus haut dans d'autres dimensions du développement moral. Mais les paradigmes simples de justice distributive demeureront en elle de manière permanente. Et aucun contraste entre la virtuosité de ses raisonnements ultérieurs et la naïveté de son attrait initial pour les paradigmes simples n'établit que ces actions initiales n'étaient pas accomplies par un authentique sens de la justice.

Des parents me rapportent parfois qu'un enfant de leur famille s'est très tôt distingué comme « Monsieur ou Madame Justice » de la famille. Peut-être que tout a commencé par une distribution de biscuits à l'âge de trois ans. Mais cela a perduré jusqu'au milieu de l'enfance, jusqu'à l'enfance tardive, jusqu'à l'adolescence. Cet enfant précis est toujours la personne de la famille qui demande : « Mais est-ce que ceci est réellement juste ? » Mère ou Père peuvent alors être invités à réexaminer les choses pour être en mesure de répondre à une question comme celle-ci, posée par un enfant. Et il n'y a aucune nécessité à ce que « Monsieur ou Madame Justice » soit l'aîné de la famille.

Les théories du développement cognitif et moral nous invitent souvent à prendre nos distances par rapport aux enfants – à la fois les enfants qui nous entourent et les enfants que nous avons été nous-mêmes. Une telle distanciation produit parfois un respect renouvelé à l'égard des enfants. Après tout, cela nous met en garde contre le fait d'accuser les enfants de défauts qui refléteraient, d'après les théories, des structures cognitives et morales immatures qui sont tout à fait normales pour la tranche d'âge considérée.

Toutefois, cette distanciation risque aussi de pousser à la condescendance. Si nous supposons que les enfants vivent dans des mondes conceptuels structurellement différents du nôtre, mais qui vont naturellement évoluer vers le nôtre, comment pourrions-nous manquer d'être condescendants envers les enfants en tant qu'agents moraux ?

La condescendance, quoique compréhensible, est injustifiée. D'abord, parce que, comme nous l'avons vu dans le dernier chapitre, les structures de la maturité ne sont pas des aboutissements entièrement à l'abri de toute remise en question ; celles-ci sont spécifiquement problématiques de bien des façons que les philosophes n'ont pas fini de dévoiler. La question est par exemple ouverte de savoir si quelqu'un parviendra jamais à élaborer une théorie de la justice entièrement satisfaisante, ou même plus modestement, comme j'en faisais plus haut la remarque, une définition entièrement satisfaisante du mensonge.

La condescendance est injustifiée aussi parce que les enfants, à travers leur franc-parler sans détour, nous ramènent souvent, nous les adultes, aux fondamentaux. Toute théorie du développement qui écarte, pour des raisons purement théoriques, jusqu'à la possibilité que nous adultes puissions de temps à autre avoir quelque chose à apprendre, moralement, d'un enfant, est, pour cette raison, contestable ; elle est aussi moralement détestable.

CHAPITRE 6

LES DROITS DES ENFANTS

Les enfants devraient-ils jouir de droits qu'on n'estime pas aujourd'hui adaptés pour eux – le droit de voter, de ne pas aller à l'école ou de divorcer de leurs parents ? Ou le mouvement des droits de l'enfant est-il au contraire déjà allé trop loin ?

Au beau milieu de la campagne présidentielle américaine de 1992, une affaire portée au tribunal pour enfants de Floride souleva ces questions et reçut une large couverture médiatique, à travers la presse écrite et la télévision. Le problème qui attira surtout l'attention du public était celui consistant à déterminer s'il fallait donner aux enfants le droit de divorcer de leurs parents.

Le 9 juillet 1992, un juge du tribunal d'État de Floride avait décidé qu'un garçon de douze ans avait le statut légal pour demander à démettre ses parents de leurs droits afin de pouvoir être légalement adopté par ses parents d'accueil, George et Lizabeth Russ. D'abord désigné comme « Gregory K. », par souci de protection, Gregory lui-même révéla que son nom de famille était Kingsley. Du fait de la nature même de sa démarche, qui consistait à solliciter le droit de traduire sa mère en justice en son nom propre, il lui semblait opportun de renoncer à l'anonymat habituellement utilisé pour protéger les mineurs.

Après son passage sur une chaîne nationale au micro de Barbara Walters, il devint une sorte de célébrité. Parce que l'affaire fut portée à l'attention du public au milieu de la campagne électorale pour la présidence américaine – une campagne au cours de laquelle les Républicains avaient tout fait pour imposer les « valeurs familiales » comme thème central de campagne – les politiciens essayèrent bientôt d'instrumentaliser la requête de Gregory au service de leurs ambitions politiques.

L'importance de l'affaire Gregory Kingsley pour la candidature de Bill Clinton fut sans aucun doute exacerbée par le fait que la femme de Clinton, Hillary Rodham Clinton, avait œuvré au sein du Fonds pour la protection des enfants et qu'elle avait écrit plusieurs articles remarqués sur les droits des enfants [1]. George Bush saisit l'occasion offerte par le verdict rendu par le juge pour mettre en garde les électeurs contre les « tenants de l'idéologie libérale » qui, selon Bush, « vont jusqu'à inciter les enfants à prendre des avocats pour traîner leurs parents au tribunal » [2].

Le père de Gregory avait déjà signé les actes de renoncement à ses droits parentaux. Ce n'étaient donc que les droits de garde de la mère qui étaient en jeu. Nous apprîmes rapidement qu'au cours des huit années précédentes, Gregory n'avait vécu que huit mois avec sa mère, et que la dernière fois qu'elle avait mis son fils à la porte, elle avait déclaré aux autorités : « Maintenant, ça suffit, vous le reprenez ».

Gregory remporta son procès au tribunal de Floride. Il semble aussi avoir gagné un large soutien au tribunal de l'opinion publique américaine. Pour acter le commencement de sa nouvelle vie, il

1. Voir, par exemple, le compte rendu d'enquête intitulé « Children under the Law » [Les enfants face à la loi], remarquablement clair et instructif, publié dans *The Rights of Children*, Harvard Educational Review Reprint Series, n°9, 1974, p. 1-28. L'extrait que n'ont cessé de brandir les hommes politiques et commentateurs conservateurs dans leurs diatribes était le suivant : « La justification classique pour priver des groupes de population de leurs droits dans un contexte de domination est que certaines personnes sont incapables ou ne méritent pas de jouir du droit de prendre soin d'elles-mêmes, et qu'elles ont par conséquent besoin d'institutions sociales spécialement mandatées pour assurer leur protection. Il est admis qu'en l'espèce, la société agit au mieux dans l'intérêt des individus. Outre la famille, on peut recenser, parmi les exemples présents et passés de tels dispositifs, le mariage, l'esclavage, et le système des réserves indiennes » (p. 7). À rebours du caractère délibérément provocateur de la dernière phrase, le ton de l'article est globalement pondéré et mesuré.

2. L. Pitts, « Family Values ? » [Valeurs familiales ?], *Nation*, 21 septembre 1992, p. 268.

changea de nom. Après son adoption officielle par ses nouveaux parents, il devint Shawn Russ.

L'affaire Gregory Kingsley n'est pas un cas isolé. On constate qu'aux États-Unis comme en Europe les droits légaux que l'on accorde aux enfants augmentent progressivement. La question de leurs droits moraux, bien que séparée, n'est pas complètement distincte. Comme nous avons pu le constater dans les années 1960 avec le mouvement des droits civiques, la reconnaissance des droits moraux d'un groupe de population nous engage souvent à œuvrer pour modifier aussi leur statut légal; inversement, modifier le statut légal associé à un groupe de population nous engage souvent à modifier nos postures morales envers lui.

Les enfants soulèvent un problème ayant trait à deux principes moraux en particulier, à savoir le Principe d'Autonomie et le Principe de Paternalisme. En vertu du Principe d'Autonomie, les individus rationnels doivent se déterminer eux-mêmes. En vertu du Principe de Paternalisme, l'autonomie d'un individu peut être restreinte si une telle restriction est dans l'intérêt de l'individu[1].

Deux questions distinctes mais liées apparaissent lorsque nous cherchons à envisager un enfant à la lumière du Principe d'Autonomie.

1) Un enfant est-il suffisamment rationnel, ou rationnel de la bonne manière, pour pouvoir se déterminer lui-même?

2) Dans l'intérêt même de l'enfant, faudrait-il restreindre sa capacité à se déterminer lui-même?

La question 1 concerne l'application du Principe d'Autonomie considéré isolément. La question 2 concerne la façon dont le paternalisme encadre l'autonomie. Elle consiste à se demander si, dans certains cas particuliers, le Principe de Paternalisme ne devrait pas « éclipser » le Principe d'Autonomie.

Appliqué à Gregory Kingsley, le Principe d'Autonomie, non-restreint, attribuerait à Gregory le droit de poursuivre sa mère en

1. Dans sa version douce, le principe de Paternalisme permet de restreindre l'autonomie afin d'éviter que l'agent ne se fasse du tort; dans sa version forte, il permet également de restreindre l'autonomie au bénéfice de l'agent.

justice pour obtenir la suspension de ses droits parentaux, afin qu'il puisse être adopté par les parents d'un foyer aimant, où il se sent chez lui. Mais Gregory était-il suffisamment rationnel, à l'âge de onze ou douze ans, ou rationnel de la façon requise, pour pouvoir exercer son droit à se déterminer lui-même (Question 1) ? La plupart des téléspectateurs qui le virent lors de son interview avec Walters ou au cours du procès retransmis sur Cable Network News (CNN) semblent avoir conclu qu'il l'était. Voici comment le *New York Times* décrit Gregory au cours de l'audience :

> Cet élève de sixième aux cheveux bruns a pris la parole pendant plus d'une heure, ses épaules dépassant à peine de la barre des témoins. Avec une présence et une maîtrise inhabituelles pour un garçon de son âge, Gregory a raconté comment il avait rencontré son père d'accueil au cours d'une visite dans le foyer où il avait été placé.
> Gregory a raconté qu'au cours des presque deux ans qu'il avait passés dans sa famille d'accueil, sa mère ne lui avait jamais rendu visite, n'avait ni appelé ni écrit. « J'ai cru qu'elle m'avait oublié », a-t-il dit à la barre d'une voix blanche. Il a ensuite expliqué qu'après l'avoir repris à sa famille d'accueil la première fois, elle lui avait promis qu'il n'aurait plus jamais à y retourner. Par la suite, il avait pourtant de nouveau été placé en famille d'accueil à deux reprises, et Gregory a raconté dans son témoignage que c'est cela qui avait modifié en profondeur ses sentiments envers sa mère.
> J'ai pensé qu'elle n'en avait tout simplement plus rien à faire », a-t-il dit en trouvant le regard de son avocat, Jerri A. Blair, et non celui de sa mère naturelle six mètres plus loin. « Je me suis dit que si elle ne tenait pas sa parole, c'est qu'elle s'en fichait un peu [1].

L'appréciation du journaliste « avec une présence et une maîtrise inhabituelles pour un garçon de son âge » mérite qu'on s'y attarde quelque peu. Il se peut tout à fait que Gregory ait été exceptionnellement mature et posé pour un garçon de son âge. On peut présumer que l'assurance et la confiance en soi dont Gregory fit preuve sont à plus forte raison exceptionnelles chez les enfants qui ne vivent pas dans un foyer stable. Mais ce que le journaliste omet

1. *New York Times*, 26 septembre 1992, A5.

de dire est qu'une telle comparution dans un tribunal pour enfants – retransmise en direct sur CNN ! – était tout à fait inédite. Nous ne sommes pas en mesure de déterminer à quel point cette comparution était inhabituelle « pour un garçon de son âge » puisque nous ne disposons d'aucun exemple de comparutions similaires. Il y a ici une bonne occasion de se demander si ce ne sont pas les préjugés et la condescendance qui nous conduisent à nous étonner de la tranquillité et de la maîtrise de Gregory.

Quant à la question 2, il est hors de doute pour tous ceux qui assistèrent au procès qu'il était dans l'intérêt de Gregory d'être adopté par sa nouvelle famille. Puisque c'était sans l'ombre d'un doute ce que Gregory lui-même souhaitait, il n'y avait aucune raison de penser que restreindre son autonomie aurait servi ses intérêts d'une quelconque manière. Dans ce procès, l'issue aurait donc été la même, que l'on donne la priorité à l'autonomie de Gregory ou au contraire que l'on décide que le paternalisme l'emporte sur l'autonomie.

Le procès de Gregory Kingsley se déroula exactement un quart de siècle après *In re Gault* (1967), la célèbre affaire instruite par la Cour Suprême des États-Unis au cours de laquelle on accorda pour la première fois à des mineurs les droits constitutionnels à une procédure équitable, par exemple le droit de faire appel à un avocat et le droit d'être averti que toute déclaration pourrait être retenue contre eux.

Tout porte à croire que les enfants se verront attribuer de plus en plus d'autonomie au sein de notre système juridique et qu'ils seront autorisés à exercer cette autonomie de plus en plus jeunes. Est-ce une bonne chose ? L'ensemble des écrits philosophiques sur les droits des enfants révèle une appréciation pour le moins mitigée.

En 1974, John Holt écrit : « Je propose que tous les droits, privilèges, devoirs et responsabilités des citoyens adultes soient rendus *disponibles* pour toute jeune personne qui en fait la demande, indépendamment de son âge »[1]. Dans un état d'esprit similaire,

1. *Escape from Childhood*, New York, Dutton, 1974, p. 18.

Howard Cohen publie six ans plus tard sa défense devenue classique de la position libérationniste sur les droits des enfants, *Equal Rights for Children.* Voici le noyau de l'argumentation de Cohen :

> Je ne prétends pas que personne ne devrait avoir un droit tant que tout le monde ne l'a pas [...] Ce que je dis, c'est que tant que des différences pertinentes ne peuvent être établies, il n'y a aucune raison de traiter les gens différemment ; ce serait injuste. À mon avis, les différences entre les adultes et les enfants, telles qu'on se les représente aujourd'hui, ont été très largement surévaluées par ceux qui défendent un double régime. Les enfants sont censément faibles, passifs, inattentifs, irréfléchis ; les adultes sont censément rationnels, très déterminés et efficaces. Le tableau est trop contrasté bien sûr, et personne ne prétend qu'il n'y a pas d'exception. Mais le problème, c'est que la juste mesure de l'égalité des droits pour les enfants ne peut pas reposer sur les exceptions. Si c'était le cas, il nous reviendrait simplement de réajuster le double régime, et non de l'abolir [1].

Parmi les voix influentes qui se sont élevées pour une meilleure reconnaissance des droits des enfants, on compte celles de Bob Franklin et de Shulamith Firestone. Celle-ci souligne, dans son œuvre, la connexion entre la libération des femmes et la libération des enfants : « Nous devons intégrer l'oppression des enfants à tout programme de révolution féministe, ou bien nous commettrons cette même faute que nous avons si souvent reprochée aux hommes : celle de ne pas aller assez loin dans notre compréhension, celle d'ignorer un important substrat d'oppression simplement parce qu'il ne nous concerne pas directement » [2].

Dans son livre *The Child and the State : A Normative Theory of Juvenile Rights*, Laurence D. Houlgate essaie de camper une position plus modérée en utilisant des arguments utilitaristes pour tempérer

1. H. Cohen, *Equal Rights for Children*, Totowa, New Jersey, Littlefield, Adams, 1980, p. 45.

2. B. Franklin, « Children's Political Rights » [Droits politiques des enfants] *in* B. Franklin (ed.), *The Rights of Children*, Oxford, Blackwell, 1986, p. 24-53. S. Firestone, *The Dialectic of Sex*, New York, Bantam, 1970, p. 118.

l'exigence de justice[1]. Et dans son récent livre *In Their Best Interest? The Case Against Equal Rights for Children*, Laura Purdy se réclame explicitement d'un positionnement utilitariste pour s'opposer à la libération des enfants. Purdy résume son positionnement de la façon suivante :

> D'abord en s'en prenant aux liens légaux asymétriques qui définissent aujourd'hui la relation entre les parents et les enfants, l'égalité des droits affaiblirait l'autorité parentale légitime. Deux conséquences extrêmement graves seraient alors à craindre. D'une, les parents seraient plus réticents à mettre en place pour leurs enfants l'entraînement précoce qui est aujourd'hui reconnu comme nécessaire pour forger une conduite ultérieure morale et responsable. De deux, les adolescents seraient réticents à prendre au sérieux les directives parentales. On peut craindre que ces deux conséquences aient des effets délétères, non seulement sur le bien-être des enfants, mais sur leur capacité à participer activement à la construction d'une société bonne. [...]
>
> Deuxièmement, l'égalité des droits impliquerait l'abolition de la scolarité obligatoire. S'il est évident qu'il y a beaucoup de dysfonctionnements à corriger au sein de nos écoles aujourd'hui, il ne s'ensuit pas qu'on se débarrasserait de ces problèmes de manière optimale en sapant ainsi leur autorité. [...]
>
> Troisièmement, l'égalité des droits propulserait beaucoup d'enfants de façon prématurée sur le marché du travail où, sans éducation, ils ne pourraient prétendre qu'à des emplois subalternes. Là, ils seraient soumis aux aléas d'une demande fluctuante et ne pourraient survivre qu'en s'exposant à certains périls et en bradant leur main-d'œuvre pour concurrencer d'autres travailleurs pauvres[2].

Le débat va probablement se poursuivre. Comme je l'ai déjà indiqué, le nombre et le type de droits que l'on accorde aux enfants vont sans doute continuer à augmenter. De plus, il est probable

1. L. D. Houlgate, *The Child and the State : A Normative Theory of Juvenile Rights*, Baltimore, Johns Hopkins, 1980.

2. L. Purdy, *In Their Best Interest? The Case Against Equal Rights for Children*, Ithaca, New York, Cornell, 1992, p. 214-215.

que l'on abaisse l'âge minimum auquel on accorde certains droits aux enfants, comme celui de traduire un parent en justice. C'est la tendance actuelle, de manière évidente. Les critiques conservatrices des droits des enfants comme celles de Laura Purdy peuvent éventuellement ralentir cette tendance, mais je ne pense pas qu'elles puissent l'arrêter, encore moins l'inverser.

Pouvons-nous, sans chercher à clore le débat entre les défenseurs et les détracteurs des droits des enfants, trouver des raisons philosophiques de faire bon accueil à cette tendance ? Je le crois, et c'est à cela que je vais m'atteler à présent.

En s'opposant à la libération des enfants, Purdy prédit que le fait d'élargir le domaine des droits accordés aux enfants risque de saper l'autorité des parents et de l'école. Comment comprendre l'autorité, et en particulier l'*autorité rationnelle*, est un problème presque aussi vieux que la philosophie elle-même. Réfléchir à ce problème, ai-je suggéré, peut nous donner des raisons de saluer la libération progressive des enfants dans notre société, quelles que soient les peurs et les appréhensions qui surgissent à l'idée d'étendre les droits des enfants.

Dans une société stable et unie, les enfants reconnaissent les parents et les enseignants comme des figures d'autorité. D'un point de vue sociologique, les parents et les enseignants exercent donc leur autorité sur les enfants au titre des positions sociales qu'ils occupent. Mais de telles structures d'autorité sont-elles rationnellement justifiables ? Poser la question en ces termes généraux, c'est soulever le problème philosophique de l'autorité rationnelle.

Ce problème philosophique de l'autorité rationnelle a d'abord été soulevé par Platon dans son dialogue *Euthyphron*. Dans ce dialogue, Socrate rencontre Euthyphron alors qu'il se rend au tribunal pour accuser son père d'impiété. Socrate exprime alors sa surprise de voir Euthyphron traduire son propre père devant une cour de justice : les enfants doivent à leurs parents honneur et respect, de telle sorte qu'il est presque inenvisageable qu'ils accusent leurs propres parents d'un crime.

Euthyphron reste impassible à l'idée qu'il pourrait lui-même faire preuve d'impiété en accusant son père d'impiété. Il ajoute que l'accusation qu'il entend porter contre son père est extrêmement grave : il s'agit en effet d'un homicide involontaire. Euthyphron raconte que l'homme victime de cet homicide, alors qu'il était dans un état d'ébriété avancé, a lui-même tué l'un des esclaves de la maison. Le père d'Euthyphron lui a alors lié les mains et les pieds et s'en est allé consulter un prêtre sur la marche à suivre ; immobilisé et abandonné dans un fossé, l'homme est mort de faim et de froid. Euthyphron tient son père pour responsable de la mort de cet homme et se propose de le traduire en justice.

L'idée que l'homicide involontaire soit une forme d'impiété peut à première vue nous sembler très étrange. Mais n'oublions pas que « Tu ne tueras point » est l'un des Dix Commandements de nos traditions juive et chrétienne, et que la religion civile continue de jouer un rôle, même implicite, dans nos gouvernements séculiers modernes.

Socrate réagit au récit d'Euthyphron d'une manière qui est typiquement la sienne dans les premiers dialogues platoniciens : il demande à Euthyphron ce qu'est la piété. La question est légitime : puisque Euthyphron accuse son père d'impiété, il doit avoir une idée précise de ce qu'est la piété. Et la suite du dialogue développe les efforts infructueux d'Euthyphron pour définir ce que sont la piété et l'impiété.

Le moment crucial du dialogue arrive après qu'Euthyphron a proposé l'idée que la piété réside dans tout ce que les dieux aiment. Socrate pose alors sa célèbre et profonde question : « est-ce que ce qui est pieux est aimé des Dieux parce qu'il est pieux, ou est-ce parce qu'il en est aimé qu'il est pieux ? »[1].

Ce « problème d'Euthyphron » peut être transposé dans des termes monothéistes qui seront plus familiers à ceux d'entre nous qui appartiennent aux traditions juive, chrétienne ou musulmane. Imaginons un croyant qui part du principe que la moralité réside

1. Platon, *Euthyphron* 10a, dans *Œuvres Complètes*, t. 1, *op. cit.*, p. 363.

dans le commandement divin. Pour une telle personne, « X est une bonne action » reviendrait à dire : « Dieu nous commande de faire X » ; et « Y est une mauvaise action » signifie : « Dieu nous commande de ne pas faire Y ». C'est alors qu'arrivent les questions socratiques : « Est-ce que X est une bonne action parce que Dieu nous la commande ou est-ce qu'il nous la commande parce qu'elle est une bonne action ? » ; et inversement : « Est-ce que Y est une mauvaise action parce que Dieu nous commande de ne pas la faire, ou est-ce qu'il nous commande de ne pas la faire parce qu'elle est une mauvaise action ? »

Considérons le meurtre et l'affirmation que « Tuer est une mauvaise action ». Sur la base des développements précédents, elle signifie : « Dieu nous commande de ne pas tuer ». Mais le meurtre est-il une mauvaise action parce que Dieu nous commande de ne pas tuer, ou Dieu nous commande-t-il de ne pas tuer parce que le meurtre est une mauvaise action ? Si nous choisissons le premier terme de l'alternative (le meurtre est une mauvaise action parce que Dieu nous commande de ne pas tuer), nous nous rattachons au *volontarisme théologique*. Dans cette perspective, la volition, la volonté, le commandement ou l'approbation de Dieu sont l'ultime justification. Dans ce terme de l'alternative, rien ne fonde en amont la volonté, le commandement ou l'approbation de Dieu. À l'inverse, si nous choisissons le second terme de l'alternative (Dieu nous commande de ne pas tuer parce que le meurtre est une mauvaise action), nous nous rattachons au *rationalisme théologique*. Dans cette perspective, il existe toujours, au moins en principe, un raisonnement pour rendre compte de la volonté divine et des commandements divins. (Dieu ne veut et ne commande que ce qui est bon.) Mais cela signifie également qu'il existe une norme morale indépendante de Dieu, une norme morale à partir de laquelle on pourrait juger Dieu.

Le volontarisme théologique alimente l'idée que même si la volonté et les commandements de Dieu étaient arbitraires, ils détermineraient tout de même ce qui est bon et ce qui est mauvais. Le rationalisme théologique, à l'inverse, suggère que Dieu n'est pas tout-puissant, puisqu'il doit se soumettre aux normes de la moralité.

Le problème d'Euthyphron a également une application purement séculière, et c'est bien sûr pour cette raison que je l'examine ici. Supposons que nous disions à l'enfant : « Il faut faire ce que Maman dit », ce qui revient à dire : « Ce que dit Maman est juste ». La question d'Euthyphron devient : « Est-ce juste parce que Maman le dit, ou est-ce que Maman le dit parce que c'est juste ? » Si nous prenons le premier terme, les injonctions de Maman établissent ce qui est juste même lorsqu'elles sont basées sur les préjugés ou les caprices de Maman. Si nous prenons le deuxième terme, le fait que Maman dise de faire ceci ou cela se révèle inessentiel dans la compréhension de ce qui rend l'injonction juste. Pour accéder à cette compréhension, il faut plutôt s'intéresser aux raisons pour lesquelles Maman a ordonné ce qu'elle a ordonné. Dans cette perspective, Maman doit en effet être capable de justifier ses ordres, alors que dans la perspective précédente, ce qu'elle ordonne devient automatiquement juste.

Quoi que l'on pense du problème d'Euthyphron dans sa version théologique originale, nous ne pouvons pas nous dispenser de trouver une solution au problème dans sa version séculière. Supposons que Maman dise : « Plus de TV ni de console tant que tu n'as pas fini tes devoirs ! » Cette injonction exige à première vue l'obéissance parce qu'elle vient de Maman et que Maman est en position d'autorité vis-à-vis de l'enfant. Mais dans une famille où l'on aime un peu raisonner, il sera possible de contester l'injonction – sinon immédiatement, du moins peut-être un peu plus tard ou quand on abordera le sujet dans la conversation. La possibilité de contester, parfois ou sur certains points, signifie que l'injonction ne tire qu'à première vue sa légitimité du fait qu'elle vienne de Maman. À un niveau plus profond, il nous faut penser que Maman énonce cette injonction parce qu'elle est juste, bonne, recommandable. Si la contestation révèle que l'injonction n'est pas réellement justifiée (par exemple, parce que le travail de l'enfant est à faire pour un autre jour, parce que Maman avait accordé une heure de télévision auparavant, ou pour toute autre raison), alors la légitimité de l'injonction, admise à première vue, ne tient plus. C'est cette possibilité d'examen qui rend l'autorité rationnelle plutôt que simplement arbitraire.

Purdy prétend que la libération des enfants risque de saper l'autorité des parents et des enseignants. Mais comment faut-il comprendre cette autorité ? Concentrons-nous comme auparavant sur l'autorité parentale. Quand quelqu'un fonde son autorité sur sa seule position dans une certaine relation biologique à l'enfant (sur le fait de l'avoir fait naître ou de l'avoir engendré) alors il doit exister – et cela existe de fait au sein de notre société – un mécanisme légal pour contester cette autorité et lui demander des comptes. Dans l'état actuel du droit et depuis très longtemps, il existe des procédures permettant à une personne ou à une institution d'aller au tribunal pour contester l'autorité exercée sur un enfant par un parent négligent ou violent. La question nouvelle qui se pose est de savoir si les enfants devraient avoir un « statut » leur permettant de solliciter le tribunal en leur nom propre.

Revenons au cas de Gregory Kingsley. Comme les reportages aux journaux télévisés du soir le montrèrent sans ambiguité, la mère de Gregory avait depuis longtemps renoncé à exercer sa responsabilité maternelle et s'en était déchargée auprès d'institutions étatiques. Quoiqu'elle ait manifesté le désir de reprendre son fils avec elle, elle n'était pas en situation de lui offrir un foyer stable. (En fait, le procès a permis d'établir qu'elle était battue par son compagnon de l'époque et qu'elle ne pouvait même pas s'offrir à elle-même un foyer stable).

Bien sûr, le juge de Floride aurait mis un terme aux droits parentaux de la mère sur la personne de Gregory même s'il n'avait pas reconnu à Gregory le droit de solliciter le tribunal en son nom propre. L'enjeu n'est donc pas de savoir si les droits d'une mère biologique sur son enfant sont absolus ou si on peut l'en démettre contre son gré quand le tribunal estime que cette disposition est dans l'intérêt de l'enfant. L'enjeu est de savoir si l'on doit accorder à un enfant, en l'occurrence à un enfant de douze ans dénommé Gregory, le droit de solliciter le tribunal en son nom propre et d'obtenir que le tribunal *lui* apporte une réponse et non simplement qu'il satisfasse à ses intérêts. Pour reprendre les termes du problème philosophique de l'autorité rationnelle, l'enjeu est de savoir si le tribunal doit reconnaître en Gregory un agent rationnel, à même de se faire sa propre opinion sur ce sujet, auprès de qui il incombe au tribunal de justifier son exercice de l'autorité lorsqu'elle contrôle l'autorité que sa mère a sur lui. Les interviews de Gregory diffusées dans les médias et la comparution de Gregory au tribunal nous donnent de bonnes raisons de dire : « Oui, Gregory est assez mature et raisonnable pour traiter directement avec le tribunal, comme une partie directement impliquée dans le contentieux ».

Une partie du personnel politique a présenté cette idée d'un droit à divorcer de ses parents comme si le fait de disposer d'un tel droit allait permettre aux enfants de quitter le foyer sur un coup de tête en toute impunité. Comme nous pouvons le voir à travers l'affaire Gregory Kingsley, ce droit peut simplement donner aux enfants un statut dans un tribunal qui leur permette de solliciter le tribunal en leur nom propre et d'obtenir que le tribunal leur réponde (ainsi qu'à leurs parents bien sûr) et non simplement qu'il réponde à une instance protectrice désignée ou reconnue par le tribunal.

Dans une famille idéale, les enfants, à mesure qu'ils grandissent, deviennent de plus en plus libres de demander à reprendre l'examen des règles, pratiques et décisions qui régulent leur vie au sein de la famille. Ce droit, qui augmente progressivement, porte en lui la reconnaissance de plusieurs vérités importantes : 1) à mesure qu'ils grandissent, les enfants sont de plus en plus capables de se comporter comme des agents en leur nom propre ; 2) permettre graduellement aux enfants de prendre de plus en plus les décisions qui les concernent contribue à développer la maturité qui leur sera nécessaire pour évoluer dans leur vie d'adulte ; 3) reconnaître un droit à faire appel de décisions parentales et à réexaminer les pratiques familiales auxquelles l'enfant ne veut plus se soumettre implique la compréhension implicite que ces décisions et pratiques ne sont pas justifiées par le seul fait qu'un parent les édicte comme « la loi ». Elles sont au contraire posées parce que les parents les considèrent comme sages ou correctes au sein d'un cas paradigmatique.

La régulation sociale de l'autorité parentale devrait suivre l'évolution de la façon dont les parents d'une famille idéale envisagent leur propre autorité sur leurs enfants. Gregory Kingsley, s'il est suffisamment mature, devrait non seulement avoir le droit de solliciter le tribunal en son nom propre pour démettre sa mère de son autorité parentale, mais aussi avoir le droit d'entendre le tribunal *lui* adresser sa décision, et non à un tiers protecteur ou à une institution choisie pour représenter ses intérêts. Ce droit donne consistance à l'idée que l'autorité parentale n'est pas seulement fondée sur l'accident d'une relation biologique mais sur un engagement de la mère à exercer son autorité pour faire ce qui est bon pour son fils. Le droit qu'a Gregory de solliciter la justice en son nom propre, et non simplement par l'intermédiaire d'une tierce partie, implique la reconnaissance du fait qu'à l'âge de douze ans déjà, Gregory est à même de déterminer de façon raisonnable si sa mère a assumé comme elle le devait ses responsabilités envers lui ; le tribunal l'eût-il débouté, Gregory aurait mérité que le tribunal lui dise en quoi et pourquoi il avait tort, et qu'il le lui dise à *lui* plutôt qu'à un tiers protecteur.

Finalement, devrait-on accorder aux enfants des droits dont ils ne jouissent pas aujourd'hui ? Devrait-on leur accorder plus tôt les droits dont ils jouissent actuellement ? Je le crois, même si je n'ai pas essayé de développer dans le présent chapitre un argumentaire complet au service de cette conclusion. Ce que j'ai essayé de faire est plus modeste. J'ai d'abord montré que notre société s'est peu à peu engagée dans ce mouvement consistant à donner de plus en plus de droits aux enfants et à les leur donner de plus en plus tôt. J'ai ensuite suggéré qu'une certaine manière de comprendre cette évolution peut la rendre philosophiquement appréciable. Il s'agit de considérer les autorités au sein de notre société comme des autorités *rationnelles* ; même si la position d'autorité échoie d'abord à son détenteur de façon contingente, biologique, chacun peut être appelé à justifier l'exercice de son autorité, et à le justifier en présence de ses enfants dès que ceux-ci sont en mesure de se représenter raisonnablement leurs propres intérêts.

CHAPITRE 7

L'OUBLI DE L'ENFANCE

Quand j'avais sept ans, je me demandais comment je pouvais être sûr que ma mémoire était fiable. Ce qui me préoccupait n'était pas de savoir si les événements s'étaient déroulés d'une manière conforme à ma mémoire, par exemple si la mémoire que j'avais de mon dernier anniversaire ou de mon premier jour d'école était juste. Non, ce qui m'intéressait plutôt, c'était la possibilité que de larges pans de mon expérience aient simplement été effacés de ma mémoire sans que je m'en aperçoive. Si ma mémoire était lacunaire, cette « lacunarité » même pouvait fort bien dissimuler toutes ces lacunes. Comment savoir ?

Pour me tranquilliser, je montai une expérimentation simple. Je devais choisir délibérément certains événements quelconques, appelés à tomber dans l'oubli, et leur attribuer à chacun un numéro. Dans un second temps, je devais m'efforcer de me rappeler l'événement 1, l'événement 2, et ainsi de suite. Je pris conscience que je pouvais fort bien oublier l'expérience tout entière : un trou dans ma mémoire pouvait ainsi effacer le test relatif à mes trous de mémoire. Toutefois, si je pouvais me rappeler ultérieurement le test, et si je pouvais me rappeler ou même simplement *avoir l'impression* de me rappeler les événements par ailleurs dépourvus d'intérêt associés aux numéros 1, 2, et ainsi de suite, j'aurais, me disais-je, au moins une preuve minimale que l'essentiel de ma vie éveillée était effectivement en sûreté dans le livre de ma mémoire personnelle.

Je ne savais pas à cette époque que, selon John Locke, pour être la même personne que cet enfant de sept ans, qui se brossait les dents avec ce mélange de sel et de soude que sa mère avait estimé être le meilleur, dans la salle de bains de cette petite maison sise à Camden

Street, je devrais être capable de « reproduire l'idée de [cette] action passée avec la même conscience [que j'ai] de n'importe quelle action présente » [1]. Mais je crois avoir eu l'intuition que ce qui était en jeu dans mon expérimentation d'amateur, c'était bien la question de savoir si j'étais vraiment un sujet stable au fil de ces expériences quotidiennes.

Pendant les quelques mois qui suivirent l'invention de mon expérimentation, j'allais occuper mes moments de réflexion en tentatives pour rappeler une fois encore à ma mémoire ces événements arbitrairement numérotés. J'étais satisfait de l'assurance minimale relative à la continuité de mon existence en tant que personne que je pouvais obtenir de cette façon.

J'étais également intéressé par la question de savoir jusqu'où dans le passé ma mémoire pouvait aller. Quel était mon premier souvenir? Pendant mes années d'école primaire, je me mis en tête que l'expérience la plus ancienne que je pouvais me rappeler était la descente d'un toboggan couvert lors de l'Exposition universelle de 1933 à Chicago, juste avant mes quatre ans. L'événement avait revêtu une importance spéciale pour ma mère qui, comme cela s'est souvent produit durant mon enfance, m'avait estimé suffisamment grand pour me débrouiller tout seul mais s'en était ensuite mordu les doigts quand je n'étais pas arrivé aussi tôt que prévu en bas du toboggan.

Quoique ma mémoire de l'événement fût, peut-être, solidifiée par le récit familial maintes fois entendu, j'avais la certitude, dont je conserve encore un vestige, que je me souvenais vraiment de cette descente du toboggan à Chicago. Le préposé à l'entrée m'avait demandé de bien garder les mains le long de mon corps, ce que je fis consciencieusement. Mais la pression de mes mains sur mon corps fut telle que je perdis l'équilibre dans la descente, me retournai et ralentis, jusqu'à ce que ma tête finisse par atteindre le pavé au bas du toboggan. Apparemment le choc fut suffisamment grave pour rendre l'événement mémorable, mais pas assez pour l'effacer.

1. J. Locke, *Essai sur l'entendement humain*, trad. fr. J.-M. Vienne, livre II, chap. XXVII, sec. 10, Paris, Vrin, 2001, p. 524.

Pourquoi nous soucions-nous de ce qu'est notre premier souvenir ? Peut-être confusément pour la raison lockéenne qui m'avait conduit à concocter ma petite expérimentation de mémoire. Locke estimait qu'être le même *être humain*[1] que ce petit bébé représenté sur la photo aux couleurs passées posée sur le plateau de ma commode, ce n'est pas du tout la même chose qu'être la même *personne* que ce nourrisson.

Être le même être humain, selon Locke, consiste à avoir un corps qui est simplement passé à un stade ultérieur par rapport au corps du bébé sur la photo. Mais être la même personne implique, estime-t-il, d'avoir une mémoire reliée à ce bébé – le souvenir d'avoir été porté dans les bras de ma mère lors de l'occasion immortalisée par cette photo.

Supposons qu'en l'occurrence, le corps de ce bébé soit devenu au fil des ans le corps que j'ai aujourd'hui : alors je suis le même être humain que ce bébé. Mais n'ayant pas la mémoire d'avoir été porté par ma mère en aucune circonstance semblable à celle représentée sur la photo, on ne pourra pas dire que je suis la même *personne* que l'enfant sur la photo. Locke écrit : « c'est manifestement la conscience, aussi loin qu'elle s'étende – fût-ce aux siècles passés –, qui unit en une même personne des existences et des actions temporellement les plus distantes, aussi bien que les existences et les actions du moment qui vient de passer. Tout ce qui donc a conscience d'actions présente et passée est la même personne, dépositaire de ces deux actions »[2].

Ainsi, dans le critère lockéen de l'identité personnelle, même si je suis le même être humain que ce bébé sur la photo, je ne suis pas la même personne. En réalité, en tant que personne, ou du moins en tant que la personne que je suis aujourd'hui, j'ai commencé à exister à l'époque de ma descente dans le toboggan couvert de l'exposition universelle à Chicago.

1. J. Locke écrit en réalité le « même homme », utilisant le mot « homme » de manière générique.

2. J. Locke, *Essai sur l'entendement humain*, Livre II, chap. XXVII, sec. 16, *op. cit.*, p. 531.

Lorsqu'on regarde son album de famille, ou peut-être des vidéos de famille de sa petite enfance, c'est en réalité assez facile d'arriver à l'idée que le jeune enfant sur les images n'est « pas vraiment moi ». Et la raison de cette impression d'aliénation est la raison lockéenne qu'on ne se rappelle pas avoir fait ou vécu les choses que cet enfant est représenté en train de faire ou de vivre. On ne se rappelle tout simplement pas *avoir été* cet enfant.

Il semble que Sigmund Freud ait été le premier explorateur de l'enfance à accorder une attention particulière au phénomène de l'amnésie d'enfance (« amnésie infantile »). Ce passage des *Trois essais sur la théorie sexuelle* est caractéristique :

> J'entends par là la singulière *amnésie* qui voile pour la plupart des humains (pas tous !) les premières années de leur enfance jusqu'à l'âge de six ou huit ans. Il ne nous est pas encore jusqu'ici venu à l'idée de nous étonner du fait de cette amnésie ; mais nous aurions de bonnes raisons de le faire. Car on nous rapporte qu'en ces années dont nous n'avons plus tard rien conservé dans la mémoire que quelques fragments de souvenirs incompréhensibles, nous avons réagi vivement à des impressions, que nous nous entendions à exprimer de manière humaine la douleur et la joie, que nous avons manifesté de l'amour, de la jalousie et autres passions, qui nous remuaient alors violemment, voire que nous avons tenu des propos qui furent relevés par les adultes comme des preuves convaincantes de notre intelligence et d'un début de faculté de jugement. Et de tout cela, une fois adultes, nous ne savons par nous-mêmes rien [1].

Dans ce passage, Freud poursuit en liant l'amnésie infantile et l'amnésie hystérique et en suggérant l'existence d'une explication psychologique commune à l'une et à l'autre : « Ne faudrait-il pas au terme remettre l'amnésie infantile elle-même en relation avec les motions sexuelles de l'enfance ? » [2]. Sa réponse est bien sûr affirmative.

1. S. Freud, *Trois essais sur la théorie sexuelle* (1905-1924), trad. fr. F. Cambon, Paris, Flammarion, 2019, p. 149-150.

2. *Ibid.* p. 152.

Freud affirmait que la psychanalyse pouvait exhumer les souvenirs d'enfance qui nous sont pour le moment inaccessibles : « Dans les traitements psychanalytiques, on se trouve toujours dans la nécessité de combler les lacunes que présentent les souvenirs infantiles ; et dans la mesure où le traitement donne des résultats à peu près satisfaisants, c'est-à-dire dans un très grand nombre de cas, on réussit à évoquer le contenu des années d'enfance couvert par l'oubli » [1].

Le degré de réussite de ce travail psychanalytique d'exhumation des souvenirs d'enfance est sujet à controverse. Mais selon toute vraisemblance, le succès qu'on peut en espérer concernerait les souvenirs à caractère sexuel – typiquement les souvenirs impliquant d'une manière ou d'une autre une attirance sexuelle pour l'un de nos parents. Pour cette seule raison, même une vie entière de psychanalyse ne serait susceptible de dévoiler qu'une toute petite portion de notre vie éveillée comme nourrisson ou comme très jeune enfant.

Bien sûr, lorsque nous y réfléchissons, nous réalisons que nous ne nous rappelons de toute façon qu'une portion très réduite de notre vie – y compris de notre vie d'adulte, et même de ce que nous avons fait le mois dernier ou la semaine dernière. En faisant un effort, je pourrais aller jusqu'à me rappeler mon enseignant de CE2 ou de CM1, et peut-être un ou deux événements survenus au cours de ces années. Mais en aucun cas je ne serais capable de me rappeler chaque jour, moins encore chaque heure et chaque minute de veille au sein de chaque jour. Ainsi donc, même s'il y a des souvenirs qui me relient à chaque *année* de ma vie depuis, disons, l'âge de six ans, la plupart des expériences de ma vie éveillée sont à jamais perdues pour ma mémoire.

Ce fait tout simple constitue une bonne introduction à la plus célèbre critique de ce critère de la mémoire retenu par Locke pour délimiter l'identité personnelle. Environ un siècle après que Locke l'a établi, le philosophe écossais Thomas Reid lui a appliqué une

1. S. Freud, *Introduction à la psychanalyse*, Paris, Payot & Rivages, 2001, p. 239.

critique impitoyable[1]. Supposons, dit Reid, qu'un jeune officier courageux, décoré pour son héroïsme, a été fouetté dans son enfance pour avoir été surpris à voler dans un verger. Supposons en outre que, devenu un vieux général, il se rappelle avoir été décoré lorsqu'il était un jeune officier courageux, et que ce jeune officier se rappelait avoir été fouetté dans son enfance, mais que le vieux général, en revanche, ne s'en souvient plus. Nous pouvons donc utiliser le critère de Locke pour produire une conclusion contradictoire. Le vieux général est et n'est pas à la fois le jeune garçon qui a reçu des coups de fouets. Il l'est parce que ce vieux général, se rappelant avoir été décoré, est la même personne que ce jeune officier décoré, tandis que ce jeune officier, se rappelant avoir été fouetté, est la même personne que le voleur de prunes. Or si $a = b$ et que $b = c$, alors $a = c$. Et pourtant le vieux général n'est pas la même personne que le garçon fouetté pour le vol du verger puisque le vieux général ne se souvient pas de cet épisode de sa jeunesse.

Or tout critère qui produit des résultats contradictoires est, pour cette raison, irrecevable. Ainsi Reid conclut-il à juste titre d'après moi que le critère de Locke pour délimiter l'identité personnelle est irrecevable.

Pour répondre à l'objection de Reid, plusieurs philosophes ont récemment formulé une définition *néo*-lockéenne de l'identité personnelle[2]. Selon les néo-lockéens, le vieux général n'aurait pas besoin de se rappeler avoir été fouetté dans son enfance pour être la même personne que l'enfant qui a été fouetté. Il suffirait qu'il y ait une chaîne mémorielle sur le modèle de celle que décrit Reid. Si le vieux général se rappelle avoir été décoré quand il était jeune officier et que le jeune officier se rappelle avoir été fouetté dans son enfance, ce nouveau « critère de liaison » (comme nous pouvons l'appeler) produirait la conclusion que le vieux général est la même personne que le jeune garçon fouetté.

1. T. Reid, *Essays on the Intellectual Powers of Man* (1785), chap. VI, « Of Memory ».

2. Voir l'introduction de J. Perry (ed.), *Personal Identity*, Berkeley, University of California Press, 1975, p. 3-30.

En réalité, le « critère de liaison » ne fonctionne pas seulement pour une liaison intermédiaire avec un épisode passé mais pour autant de liaisons intermédiaires que l'on veut. Ainsi, si je me rappelle avoir descendu le toboggan lors de l'exposition universelle à Chicago en 1933 et m'être cogné la tête à l'arrivée, et que l'enfant qui a descendu le toboggan en se cognant la tête à l'arrivée se rappelle avoir eu une trottinette pour Noël six mois plus tôt, et que l'enfant qui a eu une trottinette se souvient avoir acheté six mois auparavant des bottes rouges de la marque Wellington… alors, en vertu du critère de liaison, je suis également l'enfant qui a acheté des « Wellies » rouges, une année complète avant le souvenir le plus ancien que je peux aujourd'hui convoquer.

La nouveauté de ce critère de liaison de l'identité personnelle consiste à réintroduire, dans la vie qui est la mienne en tant que personne, beaucoup d'événements que je ne me rappelle pas aujourd'hui avoir vécus, ce qui représente une masse beaucoup plus importante que les événements auxquels j'ai présentement accès par la mémoire, *vraiment beaucoup plus importante*. Je suis la personne qui a fait A si je me rappelle avoir fait A, ou si je me rappelle avoir fait B et que la personne qui a fait B se rappelle avoir fait A, ou si je me rappelle avoir fait C et que la personne qui a fait C se rappelle avoir fait B, tandis que la personne qui a fait B se rappelle avoir fait A, et ainsi de suite, avec autant de liaisons de mémoire intermédiaires que l'on veut.

Des travaux récents sur la mémoire des nourrissons montrent que, si nous utilisons un critère de liaison de cette nature pour appréhender l'identité personnelle, la petite enfance et même l'âge du nourrisson, qui sont perdus pour nous si l'on se réfère au critère lockéen classique de l'identité personnelle, nous sont restituées. Une expérimentation a montré qu'un événement marquant vécu par un nourrisson de seulement six mois peut demeurer accessible à cet enfant jusque deux ans plus tard [1]. La portée de la mémoire

1. E. E. Perris, N. Angrist Myers, R. Keen Clifton, « Long-Term Memory for a Single Infancy Experience » [La mémoire à long terme et l'expérience individuelle du bas âge], *Child Development* 61 (1990), p. 1796-1807.

épisodique s'étend donc jusqu'à la toute petite enfance. Mais lorsque nous grandissons, presque tous ces souvenirs épisodiques très anciens finissent apparemment par se perdre.

Ce qui commence à se développer chez les enfants de trois ans est ce qu'on appelle la mémoire autobiographique [1]. Dès cette époque nous pouvons donner à nos souvenirs personnels la forme d'une histoire sommaire. Et les souvenirs épisodiques qui semblent sans intérêt par rapport à cette histoire de notre vie que nous élaborons sont purement et simplement effacés.

Pour un adulte, donc, la plus grande partie de l'enfance est inaccessible à la mémoire directe. Peut-être n'a-t-elle jamais eu droit de cité dans la « banque de mémoire à long terme » ; peut-être est-elle passée par là mais s'en est-elle fait déloger par le développement ultérieur de la mémoire autobiographique. Quoi qu'il en soit, accepter ce fait ne devrait pas m'induire à envisager mon enfance elle-même comme une créature étrangère, pas plus que je ne puis considérer comme un étranger cet homme qui est passé à la banque le 3 octobre il y a trois ans afin de retirer soixante-quinze dollars de mon compte en banque (c'était bien moi !). Je ne me rappelle pas être l'homme qui a retiré les soixante-quinze dollars de mon compte à cette occasion, mais la semaine suivante, je me rappelais encore avoir retiré cet argent quand je me suis efforcé de mettre de l'ordre dans mes comptes. Et la semaine d'après, je me rappelais avoir mis de l'ordre dans mes comptes quand j'ai commandé un nouveau chéquier, et ainsi de suite, dans un maillage serré de liaisons mémorielles qui relient ma première expérience avec ma vie présente, mon expérience présente et ma mémoire présente.

Et il en va de même avec mon enfance. Je ne me rappelle plus aujourd'hui mon second jour d'école. Mais une semaine après je me le rappelais, quand la mère d'un de mes camarades m'a interrogé sur ma première semaine d'école. Et la semaine suivante je me rappelais avoir été interrogé sur ma première semaine d'école, même si le

1. K. Nelson, « The Psychological and Social Origins of Autobiographical Memory » [Les origines psychologiques et sociales de la mémoire autobiographique], *Psychological Science* 4 (1993), p. 7-14.

souvenir direct de mon deuxième jour d'école était déjà en train de disparaître. Il y a pourtant des liens mémoriels qui relient ce jour lointain avec le jour présent.

Percevoir la justesse de ce qui vient d'être dit n'exclut pas d'émettre l'hypothèse qu'il existe certains trous de mémoire psychologiquement intéressants, et parmi ceux-là certaines lacunes intéressantes dans les souvenirs que nous avons de notre enfance. Une approche freudienne ou une autre approche de l'amnésie pourrait éventuellement nous aider à comprendre pourquoi certaines de ces lacunes existent. Mais cela ne signifie nullement pour autant que nos enfances soient de manière générale coupées de nous sur le plan de la mémoire, et nous n'avons aucune raison de nous croire aliénés de notre enfance, comme si c'était un caractère général normal de notre vie. Le lien mémoriel qui nous relie au moi de notre toute petite enfance peut certes suivre un chemin très contourné ; mais il en va exactement de même des liens qui nous relient à l'existence quotidienne que nous avons vécue l'année dernière, le mois dernier, ou même hier.

CHAPITRE 8

L'ENFANCE ET LA MORT

De nombreux adultes sont stupéfaits lorsqu'ils réalisent que deux classiques de la littérature de jeunesse contemporaine traitent directement du problème de la mort. Ils sont stupéfaits parce que la simple idée de parler de la mort avec des enfants les heurte et leur semble tout à fait brutale et inappropriée. Or, non seulement *La Toile de Charlotte* d'E. B. White [1] et *La Source enchantée* de Natalie Babbitt [2] sont de bons livres que les enfants aiment, mais ce sont également de sérieux essais pour apprendre à cheminer vers l'acceptation de notre commune mortalité.

La Source enchantée est l'histoire d'une aventure philosophique. Fourmillante d'actions et de rebondissements, elle est portée par un effort extraordinairement constant, entraînant et palpitant de convaincre Winnie, la jeune héroïne, que la vie ordinaire – celle qui fait se succéder l'enfance, l'âge adulte, la vieillesse et la mort – est infiniment préférable à une vie éternelle bloquée à dix, dix-sept ou quarante-deux ans.

Winnie Foster est une jeune fille âgée de dix ans. Alors qu'elle est sur le point de boire à une source dans le bois familial, elle est soudainement enlevée par Mae Tuck et ses deux fils. Les Tuck finissent par expliquer à Winnie qu'ils ont tous – le père, la mère et les deux fils – bu à cette source quatre-vingt-sept ans plus tôt. Avec pour conséquence d'avoir arrêté de vieillir. « Si tu y avais

1. E. B. White, *La Toile de Charlotte [Charlotte's Web]*, trad. fr. C. Chaine, Paris, L'école des loisirs, 1982.

2. N. Babbitt, *La Source enchantée [Tuck everlasting]*, trad. fr. R.-M. Vassallo, Paris, Flammarion, 2011.

bu aujourd'hui, dit Mae à Winnie, tu serais restée une petite fille à jamais. Tu n'aurais jamais, jamais plus grandi » (p. 63).

Les Tuck lui font remarquer qu'ils ne peuvent plus s'intégrer à la société autour d'eux. Ils ne peuvent s'installer nulle part très longtemps. « Les gens ne tardent pas à se poser des questions » (p. 82), comme le souligne Mae.

Plus fondamentalement, les Tuck sont incapables de s'intégrer au monde. Alors qu'ils ont pris place dans un canot par un beau soir d'été, le mari de Mae, Tuck, essaie de lui expliquer : « C'est un cycle, Winnie, c'est comme une roue qui tourne et tourne et jamais ne s'arrête. Les grenouilles et les crapauds en font partie, et les poissons et les insectes et la grive et le martin-pêcheur. Et les êtres humains, aussi. Seulement, ce ne sont jamais les mêmes. Tout recommence toujours, tout se renouvelle, tout croît, tout change, et tout finit par s'en aller. C'est ça, la vie. C'est ça… » (p. 96). Quand leur canot se coince dans les branches d'un arbre mort, Tuck se saisit immédiatement de l'analogie :

> — Mais notre canot, lui, il est coincé. Si nous ne le dégagions pas de là, il y resterait éternellement – il essaierait de s'en aller, mais il serait coincé. Eh bien, pour nous autres Tuck, vois-tu, c'est la même chose. Nous sommes coincés. Nous ne pouvons plus avancer. Nous ne faisons plus partie du cycle. Nous sommes tombés en dehors, oubliés, laissés pour compte – tu comprends ? Pourtant, autour de nous, tout vit, tout change et se transforme (p. 97).

N'y tenant plus, Winnie finit par murmurer « Je ne veux pas mourir » ; ce à quoi Tuck répond :

> — Non, pas maintenant. […] Ton heure n'est pas encore venue. Mais mourir fait partie du cycle, aussi sûrement que de naître. Pas question de ne choisir que les morceaux qui te plaisent et de laisser de côté le reste. Faire partie du cycle, de tout le cycle, voilà la seule vérité. Mais le cycle à présent se déroule sans nous… Vivre, déjà, c'est parfois dur, mais vivre à côté de la vie, comme *nous* le faisons, ça ne rime plus à rien, ça n'a plus aucun sens. Si je savais que faire pour regagner le cycle, oh, je le ferais, je le ferais à cette minute même ! Cela n'existe pas, de vivre sans mourir. Ou alors, ça ne

> s'appelle plus vivre. Nous *existons*, nous *sommes* là, mais au même titre, ni plus ni moins, que les cailloux du bord de la route » (p. 98).

La Source enchantée amène progressivement son lecteur, adulte ou enfant, à la conclusion que toute vie qui relève vraiment de l'existence a un début, un milieu et une fin. Sommée de choisir entre une enfance perpétuelle et une vie normale, l'héroïne opte finalement pour la mortalité. Le lecteur, qu'il ait neuf ou quatre-vingt-neuf ans, est porté à approuver ce choix, ou s'il ne l'approuve pas complètement, du moins à le comprendre.

Les enseignants et les documentalistes rapportent que ce livre est apprécié des enfants. Bien sûr, de nombreux adultes – en particulier ceux qui n'ont jamais été capables d'appréhender leur propre mortalité – ont du mal à accepter l'idée qu'un livre pour enfants puisse aborder ce sujet ou que des enfants puissent tirer un quelconque profit d'une telle lecture. Mais ils se trompent. J'ai entendu un jour une documentaliste apporter un témoignage sur l'intérêt qu'il peut y avoir à faire dialoguer parents et enfants autour de ce livre dans le cadre d'un échange public. La documentaliste avait monté un atelier de lecture autour d'une sélection des « meilleurs livres pour enfants » où *La Source enchantée* figurait. Les enfants, qui s'étaient révélés exceptionnellement ouverts et inspirés dans une première phase d'échanges entre eux, étaient vraiment curieux d'écouter leurs parents réagir à ce livre. Ils ignoraient en effet ce que leurs parents avaient à dire sur la mort puisque le sujet n'avait jamais été abordé à la maison. Et à la fin, les parents semblaient reconnaissants d'avoir été incités à s'ouvrir à leurs enfants de leurs propres peurs et angoisses à travers la médiation d'une histoire si pleine de sagesse.

Le succès de *La Toile de Charlotte* est d'une certaine façon encore plus incroyable que celui de *La Source enchantée.* Il s'agit en effet d'un livre dans lequel on trouve des passages comme celui-ci :

> La pensée de la mort l'envahit soudain et il recommença à trembler comme une feuille.
>
> — Charlotte ? dit-il doucement.

— Oui, Wilbur ?
— Je ne veux pas mourir.
— Évidemment que tu ne veux pas », dit Charlotte d'une voix rassurante (p. 70).

Rassurons-nous, Wilbur n'est qu'un cochon. Et Charlotte n'est qu'une araignée. Toute personne arrivée jusqu'à ce moment de l'histoire aura néanmoins été amenée à s'identifier à ces personnages comme s'ils étaient des êtres humains. Il est certain que le cadre de la basse-cour et le fait que les personnages soient des animaux – des animaux parlants quand même – mettent quelque peu à distance le thème de la mortalité, ou du moins le thème de la mortalité « dans le monde réel ». L'histoire ne nous parle après tout que de la mortalité d'un cochon parlant et d'une araignée parlante.

Cependant les personnages, tout en étant séparés de la « vie réelle », n'en sont pas si distants. La sympathique franchise avec laquelle ils évoquent leur situation rend manifestes les analogies avec la vie et la mort humaines.

Parvenus à l'âge adulte, la plupart d'entre nous avons déjà soit énoncé une parole très proche de celle de Wilbur, soit entendu prononcer cette parole par quelqu'un d'autre. Pendant mes études, mon ami Klaus, un étudiant berlinois en programme d'échange, m'avait raconté avoir été réveillé une nuit par Shanti, un étudiant indien en mathématiques que nous connaissions tous les deux.

« Qu'est-ce qui se passe ? demanda Klaus encore à moitié endormi.

— Je ne veux pas mourir, répondit Shanti.

Pendant la Deuxième Guerre mondiale, Klaus avait été aide-soignant dans les rangs de l'armée allemande sur le front russe et il faisait vibrer à mes oreilles d'incroyables parallèles entre sa propre expérience de la guerre et celle du prince André racontée par Tolstoï dans *Guerre et Paix* ; il avait eu bien souvent la même pensée que Shanti.

— Évidemment que tu ne veux pas », avait-il dit à Shanti.

Dans *La Toile de Charlotte*, Charlotte fait bien plus que réconforter son ami Wilbur ; elle le sauve de l'abattoir en faisant de lui une célébrité, grâce aux messages dithyrambiques qu'elle tisse dans sa toile. E. B. White révèle aux lecteurs de cette histoire que les écrivains ont parfois le pouvoir de faire survivre les personnages à leur créateur.

Le caractère poignant de cette histoire réside dans sa touchante ironie : comme elle en a conscience depuis le début de l'histoire, Charlotte elle-même est vouée à mourir à la fin de l'été. Ses derniers efforts, alors que sa vitalité décline, sont consacrés à la production d'un énorme sac d'œufs, en quoi réside son unique espoir d'une sorte d'au-delà.

La Toile de Charlotte est prisée chez les enfants qui n'ont aucune expérience personnelle des maladies létales ni de la mort. Mais elle tient une place à part dans la vie des enfants qui luttent contre des maladies incurables, comme en témoigne Myra Bluebond-Langner dans son livre pionnier sur les enfants atteints de leucémie, *The Private Worlds of Dying Children* :

> Le livre qui avait le plus de succès auprès de ces enfants était *La Toile de Charlotte*. Quand Mary et Jeffrey atteignirent le stade 5 [le stade d'une conscience entière de leur maladie], c'était le seul livre qu'ils continuaient à lire. Plusieurs enfants du stade 5 réclamèrent la lecture de certains chapitres de ce livre dans leurs derniers moments. Mais contre toute attente, un parent remarqua qu'« ils ne choisissaient jamais les chapitres heureux », et qu'ils demandaient toujours le chapitre dans lequel Charlotte meurt. Et à chaque fois qu'un enfant [du service d'oncologie pédiatrique] mourait, le livre connaissait un regain de popularité chez les autres [1].

Dans un récent recueil d'articles, *Children and Health Care : Moral and Social Issues*, deux philosophes, Rosalind Ekman Ladd et Loretta M. Kopelman, examinent les raisons susceptibles d'expliquer le succès de ce livre chez les enfants atteints de leucémie et s'efforcent de dégager le message que les enfants pourraient y trouver [2]. Selon Ladd, « le principal énoncé de valeurs qui sous-tend le livre dans son ensemble est celui-ci : ce qui est naturel est bon ;

1. M. Bluebond-Langner, *The Private Worlds of Dying Children*, Princeton, New Jersey, Princeton University Press, 1980, p. 186.

2. L. M. Kopelman, J. C. Moskop (eds.), *Children and Health Care : Moral and Social Issues*, Dordrecht, Kluwer, 1989.

une mort qui est naturelle et en accord avec la nature est bonne et doit être acceptée, tandis qu'une mort non-naturelle est une mauvaise mort qui doit être refusée » (p. 109). Au regard de ce principe, la menace de mort qui plane d'abord sur Wilbur parce qu'il est un avorton, puis le risque de passage à l'abattoir pour sa viande, relèvent de mauvaises morts auxquelles on doit s'opposer. Mais la mort de Charlotte, à la fin d'une vie accomplie d'araignée, est bonne et relève de ce qui doit être accepté.

Ladd s'efforce de mettre en lumière les différents aspects qui font de la mort de Charlotte une bonne mort :

> Elle est consciente de ce qui lui arrive et elle peut le planifier, elle pond ses œufs, elle en parle avec ses amis et elle leur fait ses adieux. La paix qui entoure sa mort résulte en grande partie de la préscience qu'elle en a et de l'ordre qu'elle a pu y mettre. Quoiqu'on ne puisse pas modifier la durée de vie d'une araignée, Charlotte demeure capable d'opérer des choix sur certains aspects de sa mort. Le premier d'entre eux consiste à décider d'accompagner Wilbur à la Foire, même si cela implique pour elle de mourir là-bas plutôt que chez elle. Ensuite elle décide d'utiliser ses derniers jours pour tisser des mots dans sa toile afin d'aider Wilbur (p. 115).

Ladd fait remarquer à ce sujet que les familles et le personnel médical peuvent aider les enfants en fin de vie à opérer des choix qui vont leur permettre de rapprocher un peu leur mort du modèle de la « bonne mort » de Charlotte. Mais bien sûr, un enfant en fin de vie ou atteint d'une maladie incurable apprendra de bien des façons que la mort d'un enfant n'a rien de naturel.

Loretta Kopelman, dans sa réponse à Ladd, envisage *La Toile de Charlotte* comme, entre autres choses, une réponse au problème du mal (« si le Créateur est bon, omniscient, omnipotent, pourquoi l'innocent doit-il endurer la douleur et une mort prématurée ? »). Elle compare la réponse de l'histoire de White à la réponse de Platon :

> Platon et White semblent se représenter différemment le problème du mal et de la souffrance dans le monde. Pour Platon, les maux amoraux que sont la douleur, une mort précoce et le deuil ne peuvent être éliminés du monde parce qu'ils en font partie intégrante. Il n'y a

> aucune manière de faire concorder entièrement le monde chaotique avec les vraies notions de bien et de justice ; personne n'est à blâmer, c'est un caractère nécessaire de la finitude. *La Toile de Charlotte* d'E. B. White suggère au contraire que non seulement le monde est aussi bon qu'il peut l'être (un point de vue auquel Platon pourrait souscrire) mais encore que le mal, s'il est envisagé à partir d'une perspective juste, apparaît soit justifié au regard d'un but ultérieur, soit purement et simplement illusoire. La vie est un triomphe, un miracle, une gloire (p. 126-127).

Pour étayer son interprétation, Kopelman cite l'avant-dernier paragraphe de l'histoire :

> M. Zuckerman prit grand soin de Wilbur jusqu'à la fin de ses jours, et le cochon recevait souvent la visite d'amis ou d'admirateurs car personne n'oublia jamais l'année de son triomphe et le miracle de la toile. La vie dans la grange coulait agréable le jour et la nuit, l'hiver et l'été, le printemps et l'automne, les jours sombres et les jours ensoleillés. Pas d'endroit plus délicieux au monde, pensait Wilbur, que cette grange chaude et paisible avec les oies bavardes, les saisons changeantes, la chaleur du soleil, le passage des hirondelles, le voisinage des rats, l'uniformité des moutons, l'amour des araignées et la gloire de toutes choses. (*La Toile de Charlotte*, p. 191-192)

Kopelman continue à opposer les deux réponses à partir de ce mal très particulier qu'est la mort des enfants :

> Platon soutient l'idée que la nature est « contaminée » et que la douleur et la souffrance font tout simplement partie des conditions de notre finitude. Les enfants qui tombent malades et souffrent sont ceux à qui la nature aurait pour ainsi dire « distribué de mauvaises cartes ». White envisage les choses d'une autre manière, qui peut expliquer pourquoi les enfants qui affrontent la mort trouvent un réconfort dans *La Toile de Charlotte*. Dans cette histoire, des peurs sont exprimées, mais elles sont apaisées ; tout tourne au mieux, le mal et la souffrance sont présentés comme nécessaires, la mort n'est pas douloureuse, et ceux qui n'ont pas à mourir (Wilbur) sont sauvés. On n'est pas abandonné puisqu'on n'est « jamais sans amis ». Le

> personnage de la mourante, Charlotte, est central, elle est bonne et sage. Elle demeure aimée et reste dans les mémoires comme une bonne amie et une belle personne. Il y a en outre une renaissance et une continuité : « chaque printemps de nouvelles petites araignées naissaient et prenaient la place des précédentes » (p. 127).

Je suppose que peu de parents et de professionnels de santé débattent du problème du mal avec des enfants gravement malades. Il est donc bon qu'ils puissent lire, sous la forme d'une histoire, au moins une réponse conséquente à ce problème.

Il s'en trouvera sans doute pour protester que tout cela repose au fond sur une surestimation sentimentale des capacités de raisonnement des jeunes enfants. Ces réfractaires en appelleront aux psychologues du développement qui ont pu établir que les jeunes enfants n'ont aucun concept pertinent de la mort. Ainsi les jeunes enfants atteints de maladies incurables ne peuvent-ils pas comprendre la menace qu'ils affrontent; ils seraient par conséquent incapables de l'envisager comme une manifestation du problème du mal.

Dans son livre *Conceptual Change in Childhood*, Susan Carey rapporte qu'« il existe une solide littérature clinique sur la compréhension de la mort par l'enfant, et que tous les auteurs de cette littérature s'accordent sur l'existence de trois moments dans l'émergence de cette compréhension » [1]. Carey synthétise de la façon suivante les contours du premier stade de compréhension qui se dégagent de cette littérature :

> Durant la première période, qui concerne les enfants jusqu'à l'âge de cinq ans inclus, la notion de mort est assimilée à celles de sommeil et de départ. La charge émotionnelle de la mort vient de sa représentation par l'enfant comme une séparation triste et / ou comme une sorte d'agression ultime. […] Durant cette période, la mort n'est pas envisagée comme quelque chose de définitif ni d'inévitable : on peut revenir de la mort aussi simplement que l'on se réveille d'une nuit de sommeil ou que l'on rentre d'un voyage. Les

1. S. Carey, *Conceptual Change in Childhood*, Cambridge, Massachusetts, MIT Press, 1985, p. 60.

> enfants associent la mort aux yeux fermés et à l'immobilité, comme dans le sommeil, mais ils n'ont pas l'intuition d'une interruption totale de fonctionnement, pas plus qu'ils ne comprennent les causes de la mort. Même lorsqu'ils évoquent la maladie ou les blessures, il apparaît clairement qu'ils ne conçoivent aucun mécanisme causal reliant la maladie ou les blessures à la mort (p. 60).

Voici ensuite sa description synthétique du deuxième stade :

> Le deuxième stade de compréhension de la mort par l'enfant (6-9 ans) est transitionnel et sa caractérisation est fluctuante selon les études. Tous les auteurs s'accordent sur le fait que les enfants comprennent désormais le caractère définitif de la mort et qu'ils comprennent dans quel sens une personne morte n'existe plus. Les enfants continuent toutefois de croire que la mort ne peut être causée que par un agent externe [...] L'enfant ne conceptualise pas encore la mort comme ce qui se passe dans le corps suite à ces événements externes (p. 61).

Et enfin le troisième stade :

> Au troisième stade, la mort est envisagée comme un processus biologique inévitable. Une telle conception de la mort s'impose pour la première fois aux alentours de 9-10 ans. [...] Interrogé sur les causes de la mort, un garçon de douze ans répond : « Quand le cœur s'arrête, le sang arrête de circuler, tu arrêtes de respirer, et voilà [...] Cela peut commencer de plein de manières différentes, mais c'est toujours ça qui se passe à la fin » (p. 64).

Bien sûr, on peut formuler diverses objections à cette affirmation selon laquelle les enfants ne pourraient accéder à une compréhension de la mort que par stades. Mais s'il n'y a ne serait-ce qu'un peu de vrai dans cette proposition, alors il n'y a vraiment aucune raison de s'évertuer à parler de la mort – et moins encore de la mort des enfants – comme une manifestation du problème du mal avec des enfants qui n'auraient pas encore atteint l'âge d'environ neuf ans, puisqu'avant cet âge les enfants ne comprendraient pas même le caractère définitif de la mort.

De nombreux enjeux éthiques relatifs au traitement de presque tous les patients – dont les enfants – ont trait à la divulgation. Dans quelle mesure les médecins doivent-ils communiquer aux patients leurs diagnostics et leurs pronostics ? L'approche classique par la psychologie du développement, et sa façon d'envisager l'acquisition progressive d'un concept valable de mort par les enfants, annule tout enjeu de divulgation concernant les enfants des stades 1 ou 2 traités pour des blessures ou maladies létales. Puisque ces patients n'ont qu'un proto-concept de mort et par conséquent une conception fragile des risques liés aux blessures et maladies létales, ils ne sont tout simplement pas dans une configuration cognitive qui permette au médecin de leur divulguer la gravité de la situation. Peut-être l'équipe médicale doit-elle essayer de traiter ces peurs d'enfants comme on essaie parfois de prendre en charge des phobies d'adultes ; mais ces patients ne sont apparemment pas compétents sur le plan cognitif pour que leur vraie situation leur soit révélée.

Un autre enjeu lié est celui du *processus de décision*. Quelle part de décision relative à son traitement revient à l'enfant gravement blessé ou malade ? Même si l'approbation du traitement n'est pas légalement requise pour les patients mineurs, il se peut qu'une certaine implication dans le processus de décision soit *moralement* souhaitable si l'on souhaite respecter l'enfant comme une personne à part entière, avec ses droits propres. Mais quelle sorte d'implication ?

La pertinence du modèle classique de développement semble ici tout aussi claire. Pour jouer un rôle significatif dans la prise de décision concernant son traitement, le patient doit comprendre quelque chose de la gravité de sa maladie ou de sa blessure et apprécier dans une large part les implications d'un succès ou d'un échec du traitement. Avec un concept de mort limité ou fragile, un enfant n'est tout simplement pas assez équipé intellectuellement pour comprendre la gravité d'une maladie ou d'une blessure létales, et ne peut par conséquent jouer aucun rôle rationnel dans le choix du meilleur parcours de traitement.

Le modèle classique de développement utilisé pour décrire la façon dont les enfants acquièrent le concept de mort semble donc souscrire à une approche entièrement paternaliste des enfants de moins de neuf ans sous le double rapport 1) de la divulgation des diagnostics et des pronostics et 2) du consentement au traitement. Il nous amène à conclure que, même si la prise en charge des patients mineurs doit se faire avec le souci d'atténuer leur souffrance morale, elle n'a pas besoin – et même elle *ne peut réellement pas* – respecter une autonomie du patient, puisque les compétences cognitives requises pour accéder à l'autonomie font tout simplement défaut chez les enfants.

Avant de nous en remettre les yeux fermés à ce paternalisme médical à l'égard des patients mineurs, il vaut la peine de revenir sur l'expérience des enfants à partir desquels cette recherche sur les « concepts de mort » a été conduite. En fait d'expérience de la mort, beaucoup d'entre eux n'ont eu que celle de leur animal domestique ! Et quand un enfant du panel d'âge étudié a fait l'expérience de la mort au sein de sa famille, ce sera plus probablement celle d'un des grands-parents que celle d'un père, d'une mère, d'un frère ou d'une sœur.

Il y a bien sûr dans ce panel d'âge des enfants qui ont perdu un ascendant direct, un membre de leur fratrie ou un meilleur ami. Et il y a aussi des enfants qui ont eux-mêmes subi des blessures létales ou qui endurent des maladies incurables – ces enfants mêmes auxquels nous nous intéressions lorsque nous nous demandions si ou à quel point ils devaient être associés à la divulgation du diagnostic et au processus de décision. Mais du fait de leur caractère exceptionnel, ces « cas » n'ont pas pu jouer un rôle majeur dans la reconstitution par ces études de la façon dont les enfants accèdent à un concept de mort. Nous devons donc nous demander plus spécifiquement si le modèle classique convient à ces enfants.

Ici le travail de Myra Bluebond-Langner dans *The Private Worlds of Dying Children* s'avère remarquablement pertinent. Les enfants sur lesquels porte l'étude de Bluebond-Langner souffraient d'une leucémie lymphocytaire aiguë. À l'époque de son étude, dans les années 1971-1972, le pronostic pour ces patients était presque sans espoir. Son panel comprenait cinquante patients parmi lesquels trente-deux « informateurs » et dix-huit « informateurs principaux ». Ils étaient âgés de trois à neuf ans. Parmi les dix-huit informateurs principaux, six étaient encore vivants à l'issue des neuf mois sur lesquels s'est étalée l'étude. Et quand Bluebond-Langner a achevé l'écriture de son livre quelque cinq ans plus tard, plus aucun ne vivait encore.

Il ressort des études de Bluebond-Langner que, même si les enfants passent en effet par des stades identifiables pour comprendre et appréhender l'approche de leur propre mort, le franchissement de ces stades est corrélé à leur expérience de la vie avec la maladie incurable, et pas du tout à leur âge. Voici les stades repérés par Bluebond-Langner :

> Au stade 1, les enfants commençaient par apprendre que « la chose » (tous les enfants ne connaissaient pas le nom de la maladie) était une infection grave. À ce moment-là, ils amassaient également des informations sur les noms des médicaments et sur leurs effets secondaires. Quand les enfants atteignaient le stade 2, ils savaient quels médicaments étaient utilisés à quel moment, comment et avec quelles conséquences. Le stade 3 était caractérisé par la compréhension des procédures spécifiques d'administration des médicaments et des traitements additionnels susceptibles d'être introduits en cas d'effets secondaires [...] Mais alors ils envisageaient chaque procédure et chaque traitement comme un événement singulier. Ils n'étaient pas à même d'envisager à travers une perspective plus large les traitements, les procédures et les symptômes avant d'avoir atteint le stade 4. Les enfants se faisaient alors une idée du fonctionnement global de la maladie – qu'elle était une série de rechutes et de rémissions, et que l'on pouvait retomber malade encore et encore de la même façon, et que les médicaments avaient parfois un effet moins durable que ce qui était annoncé, quand ils en avaient un. Mais ce n'est qu'au stade 5 que les enfants comprenaient que le cycle se terminait par la mort ; ils réalisaient alors qu'il y avait un nombre limité de médicaments et que lorsque tous avaient perdu leur efficacité, la mort était imminente (p. 167).

Bien sûr, tout enfant ayant atteint le stade 5 de ce processus avait une conception de la mort comme interruption irréversible de toutes les fonctions biologiques. Et toute personne ayant atteint ce stade savait que la mort devait survenir bientôt et non à un moment indéterminé d'un futur irréel. Ainsi tous les enfants leucémiques de l'étude de Bluebond-Langner ayant atteint le stade 5 ont une conception de la mort qui contient tous les éléments du concept de dernier stade dans le modèle classique de développement.

On pourrait croire que les stades de Bluebond-Langner sont des stades piagétiens, à une caractéristique près, mais ô combien décisive : la non-pertinence totale de l'âge chronologique. Cette caractéristique distingue également son modèle du modèle de développement classique de façon radicale.

Blueblond-Langner expose l'importance de l'expérience de l'enfant de la façon suivante :

> La place de l'expérience dans le processus de socialisation permet de comprendre pourquoi un enfant peut rester à un stade donné sans entrer dans le suivant pendant un intervalle de temps apparemment anormal. Par exemple, Tom est resté au stade 4 toute une année tandis que Jeffrey n'y est resté qu'une semaine. Le passage au stade 5 était en effet suspendu à l'annonce du décès d'un autre enfant, et comme personne n'était décédé depuis que Tom avait atteint le stade 4, il ne pouvait atteindre le 5. Puis quand Jennifer est décédée – le premier décès de cette année-là – tous les enfants du stade 4, indépendamment de leur ancienneté dans ce stade, ont atteint le stade 5.
>
> Le rôle de l'expérience dans le développement de la conscience explique également pourquoi l'âge et les aptitudes intellectuelles ne sont pas corrélées à la rapidité ou à la complétude avec lesquelles les enfants passent de stade en stade. Certains enfants de trois ou quatre ans et d'intelligence moyenne en savaient plus en termes de pronostic que des enfants de neuf ou dix ans très brillants mais qui, au moment de leur première phase de rémission, avaient effectué beaucoup moins de séjours à l'hôpital et par conséquent accumulé moins d'expérience (p. 169).

Le modèle classique de développement utilisé pour décrire la façon dont les enfants acquièrent le concept de mort est manifestement non-pertinent lorsqu'on essaie de l'appliquer à des enfants atteints de maladies incurables fréquentant le service hospitalier dédié. À partir de ces résultats, nous pouvons affirmer par extrapolation que, si nous situons les enfants sur un continuum allant du pôle *Pas d'expérience directe de la mort* d'un côté au pôle *Incurables et dans un programme de soins avec d'autres enfants incurables* de l'autre, l'expérience de la grande majorité des enfants doit se situer quelque part entre ces deux extrêmes ; mais sans doute la plupart d'entre eux sont-ils plus proches de l'extrémité « préservation totale » que de l'extrémité « maladie incurable ».

Le modèle classique de développement utilisé pour décrire la façon dont les enfants acquièrent le concept de mort est au mieux valable pour les enfants de la « classe normale » en matière d'expérience des blessures et maladies létales, c'est-à-dire pour les enfants en grande partie préservés d'une telle expérience. Il est non-pertinent pour les enfants qui ont une riche expérience en la matière. Et il est par conséquent non-pertinent pour envisager les problèmes éthiques qui nous occupent, consistant à déterminer si nous devons divulguer leurs funestes pronostics aux enfants atteints de maladies incurables ou si nous devons inviter l'enfant à prendre part aux décisions relatives à son traitement.

On a d'ailleurs pu établir que le fait de soigner des enfants atteints de maladies incurables avec un authentique respect pour leur autonomie – en optant pour la transparence quant à leurs pronostics et en les impliquant dans les choix relatifs à leur traitement – augmente de manière spectaculaire les chances de préserver les enfants d'affections mentales et de dépressions graves [1].

Il ne fait aucun doute que les enfants qui affrontent la perspective réelle de la mort imminente ont également, pour cette raison même, beaucoup de choses à nous apprendre dans l'échange, à condition

1. R. Nitschke *et al.*, « Therapeutic Choices Made by Patients with End-stage Cancer » [Les choix thérapeutiques des patients dans la phase terminale de leur cancer], *Journal of Pediatrics* 101 (1982), p. 471-476.

que nous soyons suffisamment forts pour les écouter et pour partager avec eux. Mais pour avoir un échange de qualité avec un tel enfant, même grâce à la médiation de beaux textes tels que *La Source enchantée* ou *La Toile de Charlotte*, il faut pouvoir adopter une attitude d'ouverture à l'enfant et à la pensée de la mort que nous autres adultes aurons toutes les peines du monde à trouver. Un enfant atteint d'une maladie ou d'une blessure incurables marque une limite absolue à nos prétentions parentales. Si nous sommes capables d'appréhender cette limite en toute honnêteté et d'entretenir avec un tel enfant une relation de respect et d'affection, alors nous aurons fait un grand pas dans le développement de notre propre maturité.

CHAPITRE 9

LA LITTÉRATURE DE JEUNESSE

Est-il inévitable que les histoires écrites par les adultes pour les enfants « sonnent faux » ? Certains l'ont dit. Le livre de Jacqueline Rose, *The Case of Peter Pan* est ainsi sous-titré *The Impossibility of Children's Fiction* ; Rose écrit : « La fiction de jeunesse est impossible, non dans le sens où elle ne pourrait pas être écrite (ce serait absurde), mais dans le sens où elle repose sur une impossibilité, à savoir l'impossible relation entre l'adulte et l'enfant » [1].

Selon Rose, c'est en particulier la « rupture » entre l'auteur adulte et le lecteur enfant qui rend leur relation impossible dans la littérature de jeunesse. « La littérature de jeunesse installe l'enfant dans la position d'un étranger face à ses propres processus et essaie ensuite, éhontément, de le duper » [2].

En un certain sens évident, toute fiction cherche à « duper son lecteur ». Les écrivains de fiction sont des conteurs qui échafaudent des histoires et les racontent comme s'ils relataient quelque chose qui s'était effectivement passé.

Vous objecterez peut-être que les lecteurs adultes du moins se laissent rarement duper. Vous suggérerez par là que les adultes sont généralement conscients de lire de la fiction et non un compte rendu de faits réels, tandis que les enfants peuvent être beaucoup moins lucides, à la fois quant à la distinction générale entre la réalité et la fiction, et également dans leur capacité à déterminer si une histoire donnée relève de la réalité ou de la fiction.

1. J. Rose, *The Case of Peter Pan*, London, Macmillan, 1984, p. 1.
2. *Ibid.*, p. 2.

Je ne suis pas du tout certain que les enfants, de manière générale, se laissent « duper » par les histoires qu'ils lisent ou qu'on leur lit. En tout cas je ne suis pas convaincu que beaucoup d'entre eux pensent que ce qui se passe dans une histoire fictive « s'est réellement passé ». De toute façon, ce n'est pas principalement le fait de duper les enfants en leur faisant passer une fiction pour réelle qui intéresse Rose. Elle s'intéresse davantage à la possibilité que la littérature de jeunesse soit motivée par l'engouement malsain de l'adulte pour un enfant idéalisé, un engouement qui pourrait être sexuel d'une manière inconsciente ou refoulée.

Mon intention n'est pas de minorer les complexités motivationnelles à démêler chez les écrivains de fiction en général, ou chez les écrivains de littérature de jeunesse en particulier. Les bons écrivains sont des artistes et, comme nous le savons tous, les artistes comptent parmi les sujets les plus fascinants qui soient pour les études de psychologie. Mais je pense que nous devrions être prudents avec l'idée que tous les auteurs de littérature de jeunesse, ou simplement la plupart, ont une ambition plus complexe ou plus problématique que les auteurs d'autres types de fiction.

Pour faire contrepoids aux graves soupçons portés par Rose sur les auteurs de littérature de jeunesse et sur les livres qu'ils écrivent, nous pourrions nous tourner vers une remarque stimulante de W. H. Auden : « Il y a de bons livres qui sont réservés aux adultes, parce que leur compréhension présuppose des expériences d'adulte, mais existe-t-il de bons livres qui seraient réservés aux enfants ? »[1] Auden a sans aucun doute raison d'affirmer qu'un bon livre pour enfants est celui qu'un lecteur peut comprendre ou apprécier sans avoir eu une expérience d'adulte. Il a aussi et surtout raison, je pense, d'insister sur le fait qu'un bon livre pour enfants est celui qu'un lecteur peut apprécier même si une expérience et une culture d'adulte ne lui font pas défaut. Et ce fait est d'une importance majeure.

1. W. H. Auden, *Forewords and Afterwords*, New York, Random House, 1973, p. 291.

Si un bon livre pour enfants est simplement un bon livre qui ne présuppose pas une expérience ou une culture d'adulte, il n'y a pas de rupture à rechercher dans la littérature de jeunesse entre l'écrivain et son public. Comment est-ce possible ? Comment peut-il exister des livres que les adultes sont capables d'apprécier complètement au même titre que les enfants ? La seule manière d'y parvenir serait peut-être de faire en sorte que le livre flatte les aspirations nostalgiques de l'adulte dirigées vers sa vie d'avant, plus innocente. Mais si ceci s'avérait exact, alors il faudrait admettre que tout bon livre pour enfant sonnerait faux pour une autre raison : il devrait inciter les lecteurs adultes à faire comme s'ils étaient retombés en enfance.

Il ne fait aucun doute que les livres pour enfants font souvent appel à la nostalgie de l'adulte. Cette nostalgie peut prendre des formes diverses. Cela pourrait être la nostalgie de quelqu'un pour sa propre enfance – provoquée par des réminiscences de telle histoire entendue jadis ou par des histoires similaires. Cela pourrait être la nostalgie qu'on éprouve à envisager des personnages ou des configurations de l'histoire qui rappellent à l'adulte sa propre enfance. Cela pourrait aussi passer par le désir d'un monde plus simple, le monde tel qu'il est présenté à l'enfant ou tel qu'il est perçu à travers son regard.

Dans le chapitre qui précède, j'ai commenté deux classiques de la littérature de jeunesse qui s'adressent aussi bien aux adultes qu'aux enfants en abordant le problème existentiel de notre mortalité commune. *La Source enchantée* de Natalie Babbitt et *La Toile de Charlotte* d'E. B. White traitent de cette question angoissante entre toutes, la mort, d'une manière authentiquement philosophique, c'est-à-dire en nous encourageant, nous lecteurs, jeunes ou vieux, à reprendre à neuf la question de la signification de la mort. D'autres histoires pour enfants sont tout aussi philosophiques, même si elles ne sont pas existentielles au même degré.

Considérons l'histoire intitulée « Le Jardin » dans le merveilleux recueil *Ranelot et Bufolet, une paire d'amis* d'Arnold Lobel. Dans cette histoire, Bufolet s'efforce de suivre l'exemple de son ami

Ranelot en plantant des graines dans son jardin[1]. Constatant que les graines ne poussent pas immédiatement et que rien ne sort de terre, Bufolet leur intime l'ordre de pousser. Ranelot lui dit alors qu'il est en train de faire peur à ses graines, perspective qui navre profondément Bufolet. Pour les réconforter, il allume des bougies à côté d'elles, il leur chante des chansons, leur lit de la poésie et leur joue des airs. Mais ces efforts considérables ne produisent aucun résultat tangible et Bufolet se lamente : « Elles doivent être les graines les plus craintives du monde ». Épuisé, il s'endort.

Ranelot réveille Bufolet avec une nouvelle réjouissante : les graines ont enfin poussé. Bufolet en est évidemment enchanté. Il s'essuie le front et soupire : « mais tu avais raison, Ranelot, ça m'a donné beaucoup de travail ».

J'ai beaucoup lu cette histoire à des publics de tous âges et, à partir de cette expérience, je suis en mesure d'attester qu'elle porte en elle un attrait à la fois immédiat et durable. La profonde naïveté de Bufolet nous émeut à tous les coups. Et nous avons spontanément de la sympathie, que nous ayons quatre ou soixante-quatorze ans, pour la façon dont Ranelot essaie d'aider son ami quelque peu simple d'esprit. Mais le véritable génie du conteur se manifeste à la dernière ligne : « tu avais raison, Ranelot, ça m'a donné beaucoup de travail ». Cette phrase déclenche un sourire voire un rire approbateur chez toute personne âgée de trois à quatre-vingt-trois ans.

La plaisanterie est profonde. Aucun lecteur ou auditeur ne pense sérieusement que chanter pour ses graines, jouer du violon à leur intention ou leur lire de la poésie va les aider à germer puis à grandir. Mais au fond, pourquoi pas ?

L'histoire, pourrait-on dire, est la dramatisation d'un faux raisonnement que les professeurs de logique informelle nomment parfois à partir de la formule latine *post hoc, ergo propter hoc* (« Après ceci, donc à cause de ceci »). Le simple fait que la croissance des graines fasse suite à la lecture poétique, par exemple, n'est pas

1. Arnold Lobel, *Ranelot et Bufolet, une paire d'amis* [*Frog and Toad Together]*, trad. fr. A. Chagot, Paris, L'école des loisirs, 2021.

à lui seul une preuve suffisante pour établir que la lecture poétique cause, ou même contribue à causer, la croissance des graines.

Bien sûr, un très grand nombre d'exemples de croissance de graines faisant suite à une lecture poétique serait plus probant pour établir l'hypothèse causale, quoique peut-être pas beaucoup plus probant, à moins de disposer d'exemples – toutes choses égales par ailleurs – dans lesquels un défaut de lecture poétique serait suivi par un défaut de croissance des graines. Une telle découverte indiquerait la nécessité d'une enquête plus approfondie. On chercherait à savoir si ce ne serait pas en réalité les heures d'éclairage supplémentaire généré par des bougies allumées durant des nuits complètes de veille qui auraient causé la croissance des graines, plutôt que la lecture poétique elle-même.

Et maintenant, bien sûr, nous voici tous lancés dans la difficile tâche d'essayer de dire quel type de preuve est nécessaire et suffisant pour établir que tel fait est la cause de tel autre. Cette question générale appartient à la philosophie. La question particulière de savoir ce qui fait pousser les *graines* appartient à la botanique ou à l'agriculture, où, à vrai dire, l'effet possible de faire quelque chose comme de jouer de la musique à des graines ou à des plantes est un authentique sujet de controverse.

Le constat formulé on ne peut plus sérieusement par Bufolet que c'est un dur métier de faire pousser des graines est bien sûr une plaisanterie. Mais c'est le genre de plaisanterie qui nous rappelle notre ignorance et nos approximations, et nous exhorte à approfondir la question : en ce sens, c'est une plaisanterie philosophiquement incitative. Pour un lecteur adulte, le problème de savoir pourquoi la combustion des bougies est ou n'est pas la cause de la croissance des plantes ne revêtira sans doute pas les caractères de nouveauté et d'urgence qu'il aura eus pour un enfant. Mais vis-à-vis de nos enfants, nous autres adultes n'avons que le pseudo-avantage de savoir ce que la plupart des gens retiennent habituellement comme causes réelles plutôt que comme causes erronées. À moins que nous ne soyons des philosophes plutôt qualifiés, nous ne serons pas aptes à préciser les conditions que nous considérons comme nécessaires et suffisantes pour affirmer que tel événement est la cause de tel autre.

Chacune des histoires de Lobel contenues dans ce recueil contient une ligne qui recèle une question philosophiquement incitative. Prenons « Dragons et Géants ». C'est une histoire sur le courage, qui, si nous sommes honnêtes, nous apparaîtra également comme une notion difficile à définir et à circonscrire. L'histoire commence lorsque Ranelot et Bufolet se demandent s'ils sont courageux au même titre que les personnages de l'histoire qu'*ils* sont en train de lire. Ces personnages-là combattent des géants et tuent des dragons. Pour déterminer si eux aussi sont courageux, Ranelot et Bufolet se contemplent dans un miroir. « Nous avons l'air de l'être », constatent-ils. « C'est vrai, mais le sommes-nous vraiment ? » : telle est la question.

Pour se prouver qu'ils sont courageux, Ranelot et Bufolet se mettent en route vers une dangereuse mission : ils escaladent une montagne. Durant leur mission ils rencontrent un faucon, un serpent, et une avalanche – tous les ennemis naturels des grenouilles et des crapauds. Le fait qu'ils survivent à ces périls pourrait être mis au crédit de leur courage si leur comportement n'était pas aussi erratique et hystérique. À la fin, ils rentrent précipitamment chez Bufolet, où l'un saute dans le lit en remontant les couvertures par-dessus sa tête tandis que l'autre se précipite dans la penderie dont il ferme la porte. Ils restent très longtemps dans leurs cachettes respectives, « convaincus qu'ils sont ensemble très courageux ».

La dernière ligne de l'histoire, « convaincus qu'ils sont ensemble très courageux », mobilise une authentique ironie socratique pour nous faire prendre conscience de quelque chose d'important. Tout persuadés que nous soyons, nous lecteurs, du fait que Ranelot et Bufolet ne sont pas réellement courageux dans cette histoire, nous ne pouvons probablement pas dire ce qu'est le courage, en tout cas pas d'une manière claire et satisfaisante. Doit-on faire quelque chose de dangereux pour être courageux ? Il apparaît parfois que le fait de rester à sa place (même dans son lit) plutôt que de prendre ses jambes à son cou (peut-être pour se réfugier dans la chambre de sa grande sœur) témoigne d'un certain courage. Est-ce qu'avoir la peur au ventre, les genoux qui font des castagnettes ou les dents qui claquent sont des critères pertinents pour dire qu'on n'est pas courageux ? C'est loin d'être évident. Or, si nous ne pouvons pas définir « courageux » d'une manière pleinement satisfaisante, comment pouvons-nous être sûrs que Ranelot et Bufolet ne sont pas courageux ? La plaisanterie ne concerne pas seulement Ranelot et Bufolet : que nous ayons quatre ou quarante ans, elle retombe aussi sur nous !

Arnold Lobel a un talent tout à fait remarquable pour incorporer de l'ironie socratique dans ses histoires pour enfants les plus simples. Ses mots d'esprit ont la grâce, l'humour et la profondeur de la grande poésie. Et ce, alors même que *Ranelot et Bufolet, une paire d'amis*, du fait de l'absolue simplicité de son vocabulaire, s'apparente à un livre d'apprentissage de la lecture, un album « premières lectures ».

Pour prendre un second exemple, je choisirai une histoire racontée dans un style tout aussi économique, quoiqu'elle soit destinée à un enfant un peu plus âgé. Il s'agit de *Monsieur Jaune et Monsieur Rose* de William Steig[1]. Steig est également l'illustrateur de l'histoire, et les dessins comptent pour beaucoup dans le charme du livre ; l'histoire est toutefois belle par elle-même.

Deux figurines de bois, l'une peinte en rose, l'autre peinte en jaune, reposent sur du papier journal exposé au soleil, peut-être pour sécher. Ils ressemblent à des marionnettes, à ceci près qu'ils ne sont tenus par aucun fil. Le rose est petit et gros tandis que le jaune est grand et mince. Chacun commence par demander à l'autre ce qu'il est en train de fabriquer sur un journal au soleil.

Quand Monsieur Jaune remarque la présence de Monsieur Rose à côté de lui, il demande :

— Est-ce que je vous connais ?

— Je ne crois pas, répond Monsieur Rose prudemment.

— Est-ce que par hasard vous sauriez ce que nous faisons ici ? demande Monsieur Jaune. Monsieur Rose ne sait pas.

1. W. Steig, *Yellow and Pink*, New York, Farrar, Straus and Giroux, 1984. Une édition française existe (avec les dessins de l'auteur) : W. Steig, *Monsieur Jaune et Monsieur Rose*, trad. fr. A.-L. Fournier Le Ray, Paris, Pocket Jeunesse, 2002. Il s'agit toutefois d'un texte abrégé, nous proposons donc nos propres traductions des citations introduites par Matthews. (N.d.T.)

— Qui sommes-nous ? demande Monsieur Jaune. Monsieur Rose ne sait toujours pas.

— Quelqu'un a dû nous fabriquer, conjecture Monsieur Rose ».

Monsieur Jaune oppose toutes sortes d'objections à l'hypothèse de Monsieur Rose et lui-même propose :

— Nous sommes un accident ; d'une manière ou d'un autre, nous sommes simplement apparus.

Monsieur Rose se met à rire. Perplexe, il demande :

— Vous voulez dire que ces bras que je peux bouger comme ceci et comme cela, cette tête que je peux tourner à volonté, ce nez qui respire, ces pieds qui marchent, tout ceci est simplement apparu, comme par enchantement ? C'est ridicule !

Monsieur Jaune ne se démonte pas. Il demande à son camarade de prendre le temps de la réflexion.

— Avec assez de temps, un millier, un million, peut-être deux millions et demi d'années, beaucoup de choses étranges ont pu apparaître. Pourquoi pas nous ?

Avec beaucoup de patience, Monsieur Rose passe en revue les différents éléments de leur constitution. À chaque fois, il met au défi Monsieur Jaune d'expliquer comment un tel élément pourrait être le produit d'un accident. Et pour chaque élément que Monsieur Rose énumère, Monsieur Jaune essaie d'indiquer comment cela a pu en effet être le résultat d'un accident.

— Supposez, suggère-t-il, qu'une branche se soit détachée d'un arbre et soit tombée sur une pierre pointue, juste de la bonne façon. Voilà comment des jambes sont apparues.

Il continue :

— Ensuite l'hiver est arrivé et ce morceau de bois a gelé ; la glace l'a fendu et a ouvert une bouche. Voilà pour la bouche. Ensuite, peut-être qu'un jour une grande tempête a emporté cette pièce de bois et l'a jetée sur une colline rocheuse couverte de buissons, et qu'elle l'a cognée, cardée, brossée et façonnée de telle et telle manière.

Peu à peu, Monsieur Jaune imagine des événements accidentels susceptibles d'expliquer chacun des éléments de leur constitution –

bras, doigts, orteils, oreilles, et jusqu'aux narines. Pour l'origine des yeux, il développe plusieurs propositions :

— Les yeux peuvent avoir été percés par des insectes ou par des piverts, et peut-être même par des grêlons exactement de la bonne taille qui ont cogné le bois à plusieurs reprises, exactement aux bons emplacements.

Monsieur Rose est loin d'être convaincu.

— Comment pourrions-nous voir à partir de trous percés par un pivert ? demande-t-il, dubitatif.

— Parce que c'est à cela que servent les yeux, gros bêta ! répond Monsieur Jaune.

Au terme de l'exposé des conjectures fantaisistes de Monsieur Jaune à propos de leurs origines accidentelles, Monsieur Rose brandit une objection supplémentaire :

— Admettons que vous ayez raison, pour le plaisir de la discussion, accorde-t-il, conciliant. Est-ce que vous êtes en train de me dire que toutes ces choses étranges sont advenues non pas une mais deux fois, de sorte que nous nous trouvions là tous les deux ?

Monsieur Jaune demeure impassible.

— Et pourquoi pas ? demande-t-il à Monsieur Rose en lui retournant la question. En l'espace d'un million d'années – car je ne parle pas de cinq secondes, mais bien d'un million d'années – la même chose pourrait aisément se produire deux fois.

Et de peur que son ami sceptique ne rejette sa proposition trop rapidement, il ajoute :

— Un million d'années, c'est long. Des branches se cassent sans arrêt, les vents ne cessent de souffler, il y a toujours un coup de tonnerre, une tempête, et ainsi de suite.

Finalement, un homme moustachu vient les déranger ; il examine Monsieur Rose et Monsieur Jaune, et annonce avec satisfaction : « Parfaitement secs ! »

Alors que le moustachu emporte Monsieur Rose et Monsieur Jaune, serrés sous son bras, Monsieur Jaune murmure à l'oreille de Monsieur Rose : « C'est qui, ce type ? ». Monsieur Rose ne sait pas. Et ainsi se termine l'histoire.

En faisant de ses personnages des poupées de bois ressemblant à des marionnettes, Steig les prive des mécanismes génétiques de reproduction, et donc des possibilités de sélection darwinienne au fil des générations. Mais dans ce domaine, sa biologie spéculative est un peu comme celle des philosophes présocratiques Empédocle, Démocrite et Leucippe. Eux aussi émirent l'hypothèse que des caractères acquis accidentellement puissent devenir fonctionnels ; et eux non plus ne disposaient pas d'une théorie génétique pour expliquer comment une mutation accidentelle comportant une valeur sélective pourrait transmettre son génotype aux générations suivantes.

Est-il vraisemblable de supposer que tous les caractères clairement fonctionnels des organismes vivants sont le résultat d'une période incroyablement longue de sélection évolutive – depuis le développement des organismes unicellulaires jusqu'à l'évolution des primates supérieurs parmi lesquels on classe l'être humain ? Beaucoup le pensent, mais peu seraient capables de produire une histoire détaillée de ce processus, peut-être pas même d'en faire une histoire plus vraisemblable que le récit de Monsieur Jaune.

Dans l'histoire de Steig, Monsieur Jaune et Monsieur Rose échouent à reconnaître leur créateur. Ne pourrait-il pas en aller de même pour nous ?

William Steig, à l'instar d'Arnold Lobel, utilise le format de l'histoire pour enfants pour nous raconter une sorte de fable. La fable invite le lecteur, qu'il soit enfant ou adulte, à réfléchir sur une question profondément philosophique et scientifique concernant la manière dont nous, les êtres humains, sommes apparus.

Ranelot et Bufolet d'Arnold Lobel ne sonne pas faux, pas plus que *Monsieur Jaune et Monsieur Rose* de William Steig. Et leurs auteurs ne sont pas des manipulateurs. Avec une grande simplicité poétique, ces histoires soulèvent certaines questions, dont de passionnantes questions philosophiques, qui méritent vraiment que l'on s'y penche, que l'on soit enfant ou adulte.

En limitant mon propos aux histoires qui posent des questions philosophiques, je ne veux en aucun cas laisser entendre que, dans le vaste champ de la littérature de jeunesse, seules les histoires philosophiques sonneraient juste. Ce n'est évidemment pas le cas. Les histoires pour enfants peuvent relever d'une littérature authentique de bien des façons. Mais, en matière d'histoires écrites par des adultes pour des enfants, au moins une façon de réussir le test de l'authenticité consiste à soulever des questions difficiles avec franchise et simplicité, et aussi, idéalement, avec humour !

CHAPITRE 10

L'ART ENFANTIN

À l'âge d'environ quatre ans, notre fille cadette a réalisé une peinture qui est devenue l'une des fiertés de la famille. Exécutée à la peinture rouge sur papier brun, elle représente dans un ensemble simple et pyramidal la tête et les épaules de trois personnages humains [1]. Nous l'avons encadrée il y a des années de cela et déplacée au gré des aménagements, tantôt dans une chambre, tantôt dans une pièce de vie.

À l'occasion d'un déménagement il y a quelque temps, je suis retombé sur la peinture et j'ai pris un moment pour admirer son élégance et sa vive intensité. Même si nous ne l'avons pas encore accrochée dans notre nouvelle maison, je suis sûr que nous lui trouverons un bon emplacement et qu'il apparaîtra alors que, parmi toutes les possibilités qui s'offraient à nous, accrocher cette peinture à cet endroit s'imposait vraiment comme la meilleure option.

Il y a bien sûr des raisons personnelles pour lesquelles ma famille et moi-même aimons cette peinture en particulier. Elle nous rappelle notre fille, que nous aimons. Elle nous rappelle une période passionnante de sa vie et de la nôtre. Et à présent elle nous est devenue familière, de telle sorte qu'elle consolide un sentiment de continuité dans nos vies. Supposons toutefois qu'une de nos amies, qui est conservatrice dans un musée, nous rende visite et découvre cette peinture (elle n'a pour l'instant pas de titre, appelons-la ici *Trois*

1. Il s'agit de la peinture figurant en couverture de la présente édition ; elle nous a été gracieusement adressée par l'artiste, Rebecca Matthews, à qui nous renouvelons ici nos plus vifs remerciements. (N.d.T.)

personnages en rouge). Est-il envisageable qu'une collectionneuse d'art compétente décide que *Trois personnages en rouge* est une importante œuvre d'art qui mériterait par exemple d'être exposée au Musée des Beaux-Arts de Boston ?

Bien sûr, toute personne qui essaierait sérieusement de répondre à cette question pourrait chercher à obtenir plus d'informations sur *Trois personnages*, ou sur ma fille, et pourrait demander à voir la peinture elle-même. Mais, à vrai dire, aurait-elle vraiment *besoin* de plus d'informations, ou de voir le tableau, pour répondre à cette question ? N'en ai-je pas dit assez pour vous faire comprendre que ce n'est pas le cas ? Pour le dire autrement, peut-on raisonnablement s'attendre à ce que la conservatrice d'un musée d'art important demande à voir la peinture d'une petite fille afin de décider si on peut la faire entrer dans la collection permanente de ce musée ?

Il se peut bien sûr que le musée de Boston constitue un fonds spécifique afin d'illustrer, pour ainsi dire, l'histoire naturelle de la peinture et du dessin. La conservatrice pourrait alors chercher à acquérir *Trois personnages en rouge* comme bon exemple d'un certain style ou stade de développement identifiables dans le champ de la peinture enfantine. Je m'attellerai un peu plus loin à déterminer ce qu'on peut bien vouloir dire en affirmant que telle ou telle pièce serait une bonne acquisition pour une collection d'art enfantin. Pour le moment, attachons-nous à la question principale : est-il envisageable que *Trois personnages en rouge* soit une bonne acquisition pour une collection d'art généraliste ?

En réalité, les conservateurs ne prospectent jamais sans tenir compte de catégories. Ils trouveront telle pièce intéressante pour leur collection d'œuvres impressionnistes, de peinture flamande, de cubisme, d'aquarelles japonaises, ou de tout ce que vous voudrez; mais ils collectent toujours les œuvres en fonction de certaines catégories. Ainsi, même si nous n'imaginons pas que notre amie conservatrice s'apprête à monter une exposition d'art enfantin, il faut tout de même bien se dire qu'elle catégorisera *Trois personnages en rouge* d'une manière ou d'une autre. Existe-t-il donc une catégorie identifiée dans laquelle la peinture d'une fillette de quatre ans pourrait exceller ?

La catégorie la plus évidente pour *Trois personnages en rouge* serait celle de l'art enfantin. Mais encore une fois, différons cet examen. Y a-t-il une autre catégorie à laquelle elle pourrait correspondre ?

Les théories de l'enfance comme récapitulation, dans le genre de celles que nous avons examinées au chapitre 2, proposeraient sans doute de classer *Trois personnages* dans l'art primitif. Mais dans quel art primitif ? Supposons que le style de ma fille rappelle l'un des arts préhistoriques d'Océanie, par exemple l'art rupestre ou la peinture sur écorce de l'ouest australien. D'intéressants rapprochements et contrastes pourraient être établis entre *Trois personnages en rouge* et certains exemples d'art rupestre australien. Supposons même que ces affinités comme ces points de contraste soient proprement saisissants ; cela ne permettrait pas pour autant au tableau peint par ma fille d'intégrer la collection d'art rupestre australien d'un musée. Pas du tout ! Pas plus d'ailleurs que n'importe quelle autre catégorie d'art « primitif » ou tribal reconnue comme telle. Et la raison en est que cette peinture n'est pas de l'art primitif ou tribal, quelques points communs qu'elle puisse avoir avec un tel art, et quelle que soit notre adhésion à l'idée que l'ontogenèse récapitule la phylogenèse.

Si elle ne peut pas entrer dans une collection d'art tribal, peut-être aurait-elle sa place dans une collection d'art moderne ? On trouverait par exemple des points communs entre *Trois personnages en rouge* et certaines des peintures abstraites que Paul Klee a réalisées dans les années 1930. Elle pourrait donc bien s'insérer dans une collection d'art abstrait.

Il convient de rappeler ici que Klee avait un intérêt marqué pour l'art enfantin, et en particulier, à une certaine époque, pour les dessins et les peintures qu'il avait lui-même réalisés durant son enfance. Le tout premier catalogue de ses œuvres commence d'ailleurs avec des pièces datant de cette période. Et beaucoup de ses œuvres plus tardives, en particulier selon moi celles qu'il a peintes au cours de sa dernière décennie, sont exécutées dans un style qui évoque l'art enfantin [1]. Il est tout à fait vraisemblable que l'une d'elles présente des similitudes frappantes avec *Trois personnages en rouge*. Cela signifie-t-il que *Trois personnages* serait à sa place dans une collection d'art abstrait ?

Pas vraiment. Notre amie conservatrice pourrait bien sûr vouloir monter une exposition temporaire consacrée à l'art enfantin pour accompagner ce Klee de la maturité. L'intérêt serait de nous permettre de mieux comprendre le travail réalisé par Klee à l'époque où il adopta cette manière enfantine, en le confrontant à un art vraiment enfantin. Dans le même état d'esprit, on pourrait exposer des œuvres d'art tribal africain à côté d'œuvres de Picasso influencées par cet art [2]. L'intérêt serait de remettre Picasso en perspective en comparant son art avec celui qui l'a influencé.

Bien sûr, cela fonctionne aussi dans l'autre sens. Picasso peut nous aider à mieux comprendre l'art tribal africain, et Klee peut nous aider à mieux comprendre l'art enfantin. Quoi qu'il en soit, aucune exposition temporaire sur Klee et l'art enfantin ne tendrait à démontrer qu'une peinture d'enfant telle que *Trois personnages en rouge* appartient de droit à la collection d'art abstrait du XXe siècle, pas plus qu'une exposition sur Picasso et l'art africain ne suggérerait que l'art primitif africain – ou certaines de ses œuvres – doivent rejoindre la collection de cubisme du musée.

La raison simple pour laquelle *Trois personnages* n'appartient à aucune des collections constituées par les principaux musées d'art est que ces collections sont définies à partir de critères historiques et géographiques. Si frappants que soient les points communs entre *Trois personnages* et une peinture ou un dessin relevant d'une

1. La passionnante histoire des relations complexes de Klee à l'art enfantin est magnifiquement racontée dans l'essai intitulé « Klees kindliche Kunst », *in* O. K. Werckmeister, *Versuche über Paul Klee*, Frankfurt am Mein, Sundikat, 1981, p. 124-178.

2. Comme cela a été fait à l'occasion de l'exposition « "Primitivisme" dans l'art du XXe siècle : parenté du tribal et du moderne » au Museum of Modern Art de New York, de septembre 1984 à janvier 1985.

période identifiée ou d'un mouvement reconnu, elle ne pourrait pas réellement intégrer une collection dédiée à cet art parce qu'elle n'appartient pas à cette période ou à ce mouvement. Je ne discuterai pas le point de savoir si l'art devrait être collectionné d'une autre manière, radicalement différente. Il me suffit ici de dire qu'au vu de la manière dont l'art est collectionné aujourd'hui, *Trois personnages en rouge* n'est susceptible d'appartenir à aucune collection d'aucun musée d'art reconnu.

Une certaine évolution dans les collections muséales ouvrirait la possibilité d'acquérir *Trois personnages en rouge* : l'évolution consistant à instituer en supplément une collection permanente d'art enfantin. J'aborde à présent la question de savoir s'il serait pertinent d'instituer une telle collection, et la question plus générale de ce que nous apprend notre réponse à la première question sur la place des enfants dans notre société et dans notre culture.

Il existe déjà, bien sûr, des musées de l'enfance. De tels endroits satisfont la nostalgie des adultes, mais ils remplissent également une fonction plus éducative en nous mettant sur la voie d'une histoire, d'une sociologie et d'une anthropologie de l'enfance. De tels musées pourraient avoir une aile dédiée à l'art enfantin ; mais l'enjeu de l'art enfantin serait alors de nous rappeler le phénomène du dessin et de la peinture d'enfance, de saisir quelque chose de sa diversité historique et culturelle, et peut-être aussi quelque chose de son universalité transculturelle et transhistorique.

En posant la question de savoir si un musée *d'art*, et même un bon musée d'art, devrait avoir une collection permanente d'art enfantin, nous pensons toutefois à un intérêt tout autre que ceux qui sont susceptibles d'être satisfaits par un musée de l'enfance. Nous nous demandons si l'art enfantin pourrait légitimement être célébré comme un art à part entière, plutôt que simplement envisagé comme un artefact social et culturel. À l'évidence, l'un n'exclut pas l'autre. Mais l'un *n'implique* pas l'autre non plus.

Le phénomène des musées d'art enfantin serait plus pertinent par rapport au problème que je pose. Il en existe au moins un : le Musée international de l'art enfantin, à Oslo en Norvège. Mais même si ce musée s'est attiré une certaine renommée, son succès ne résout pas la question comme nous pourrions le croire de prime abord. En tant que musée d'art enfantin, son existence pose solennellement la question du statut et de la nature de l'art enfantin mais ne répond pas à cette même question. On pourrait certes l'envisager comme n'importe quel musée d'art spécialisé, de la même façon qu'il existe des musées d'art moderne – en grand nombre – ou des musées d'art impressionniste. Mais on pourrait également l'envisager comme un musée mémorial artistique de l'enfance ; et dans ce cas, l'existence d'un tel musée n'implique aucun jugement relatif à la valeur esthétique de l'art qu'il accueille. En fait, tant que des musées d'art généralistes réputés ne se mettront pas à collectionner l'art enfantin au même titre que l'art moderne ou l'art impressionniste, il n'y aura aucune reconnaissance sociétale claire du fait que l'art enfantin mérite d'être collectionné au titre de sa valeur esthétique propre.

Pour résoudre mon problème, on pourrait espérer trouver de l'aide auprès des philosophes qui ont œuvré sans relâche à élucider la question simple et profonde de Tolstoï : « Qu'est-ce que l'art ? ». Mais après réflexion on comprendra qu'un tel espoir ne peut qu'être déçu. Que l'on envisage l'essence de l'art à partir de la théorie de l'imitation, à partir de la théorie de l'expression, à partir de la théorie de la forme, ou à partir de toute autre théorie, il ne peut être sérieusement question de considérer comme artistiques les peintures ou les dessins de jeunes enfants. On devrait pourtant considérer comme un critère de recevabilité pour toute théorie de l'art sa capacité à reconnaître au moins certains dessins et certaines peintures d'enfants comme artistiques. Ce qui bien sûr ne signifie nullement que tout art enfantin soit esthétiquement digne d'intégrer la collection d'un musée de premier plan.

En un sens, la question que je pose est une question politique. Dans une société intégralement composée d'enfants, les enfants pourraient décider par eux-mêmes s'ils veulent célébrer une partie de l'art produit par les membres de leur « espèce ». Dans notre société, les enfants n'ont pas le pouvoir de prendre une telle décision. Dans notre société, ce ne pourrait être qu'une décision prise par des adultes

– une décision relative aux ressources financières contrôlées par les adultes – qu'un musée de premier plan se mette à collectionner de l'art enfantin.

Pour nous adultes, la question est alors de savoir si nous considérons qu'il est approprié ou avantageux de célébrer la sensibilité esthétique et les succès artistiques d'enfants talentueux dans ce domaine. Cette interrogation suscite elle-même à son tour des questions politiques relatives à l'exploitation de ces talents et aux idéaux éducatifs que nous choisissons de mettre en œuvre dans notre société. Mais cela soulève aussi le problème de savoir si en tant qu'adultes, nous sommes aptes à comprendre quoi que ce soit à ce qui fait la valeur profonde d'un travail d'enfant, y compris d'un enfant très sensible et talentueux.

Dans l'évaluation esthétique de l'art enfantin, il y a certainement autant d'enthousiastes que de détracteurs. Aldous Huxley doit être mis au nombre des plus enthousiastes parmi les enthousiastes. Dans son introduction à une brochure de dessins d'enfants, il écrit que « quand on les laisse faire », les enfants « manifestent un talent artistique stupéfiant ». Il poursuit :

> Comme leur sens des couleurs est assuré ! Je me rappelle en particulier un paysage au milieu duquel figurait une maison au toit rouge parmi les arbres sombres et les collines, et qui possédait dans sa manière enfantine la puissance et l'assurance d'un Vlaminck. [...] Beaucoup de ces paysages et de ces scènes pastorales sont composés – involontairement et d'instinct – selon les principes d'esthétique classique les plus rigoureux. Les volumes et les espaces vides sont joliment équilibrés autour de l'axe central. Les maisons, les arbres, les personnages, sont disposés exactement comme l'exige la règle du nombre d'or [1].

Huxley affirme que cinquante pour cent des enfants sont « de petits génies dans le champ des arts visuels », mais que chez les adultes la proportion tombe à un pour un million.

1. A. Huxley, *They Still Draw Pictures*, New York, Spanish Child Welfare Association of America, 1939, 3ff. Cet extrait a été signalé à mon attention par G. Boas, *The Cult of Childhood*, London, Warburg Institute, 1966, p. 100.

Les détracteurs sont peut-être plus faciles à trouver. Un jour, je me présentai au conservateur des peintures et des sculptures d'un grand musée d'art (je m'empresse de préciser qu'il ne s'agit pas du Musée des Beaux-Arts de Boston) pour lui proposer de monter une exposition sur le thème « Art et art enfantin au XXe siècle ». Je lui suggérai d'exposer quelques pièces d'art enfantin, choisies avec soin à la fois sur la base de leur intérêt propre et sur la base des rapprochements qu'elles auraient autorisés avec les œuvres de Klee, Miró, Dubuffet, et d'autres artistes du XXe siècle dont les œuvres ont été influencées par l'art enfantin, ou du moins semblent montrer de fortes affinités avec l'art des enfants.

Ce conservateur concéda qu'une exposition définie par de tels contours pourrait avoir une grande valeur didactique. Il me lista même les musées – autres que le sien – susceptibles d'être intéressés par une telle présentation. Mais il me signifia également que tant qu'il serait conservateur en chef, on ne présenterait jamais d'art enfantin dans *son* musée. Il ne permettrait pas qu'y soit exposé, me dit-il, autre chose que de l'art de premier plan. Et aucun art enfantin, insista-t-il, ne peut se hisser à ce niveau.

Il existe une position identifiable à propos des enfants et des biens de l'enfance à partir de laquelle on pourrait conclure que cet inflexible conservateur a raison et que Huxley a tort. Je soupçonne qu'une version quelque peu édulcorée de cette position est celle de beaucoup de gens dans notre société, peut-être celle de la plupart des gens. Elle trouve une expression claire et une défense explicite dans le livre de Michael Slote, *Goods and Virtues* [1].

Slote estime que les biens de la vie sont relatifs à la période de notre vie. Son propos n'est pas simplement d'affirmer que le type de biens désirables pour l'enfance ou pour la sénescence est différent du type de biens désirables au début de l'âge adulte ou à la maturité, quoiqu'il pense également que ce soit le cas. De façon plus intéressante, il affirme que les biens de l'enfance et les biens de la vieillesse ont moins de valeur, en fait beaucoup moins de valeur,

1. M. Slote, *Goods and Virtues*, Oxford, Clarendon Press, 1983.

que les biens disponibles dans la force de l'âge. Pour dramatiser cette affirmation, il nous demande d'évaluer la valeur de nos rêves les plus agréables :

> D'une certaine manière, nous envisageons l'enfance […] – et c'est révélateur – à peu près comme nous envisageons ce qui se passe dans nos rêves. Proust dit (approximativement) que nous ne mettons pas au compte des souffrances et des plaisirs de nos vies les souffrances et les plaisirs que nous éprouvons en rêve. […] Et de la même façon que nos rêves sont retranchés du décompte, sauf lorsqu'ils ont des conséquences sur notre vie éveillée, ce qui se passe dans notre enfance impacte notre représentation de notre vie globale principalement à travers les effets que les succès ou les échecs de notre enfance sont censés avoir eus sur l'individu à sa maturité. Ainsi, dans les cas où une scolarité malheureuse est suivie (voire, comme nous sommes parfois enclins à le croire, permet l'essor) d'années de maturité heureuses, nous considérons que les années ultérieures compensent la misère enfantine, et même effacent l'ardoise (p. 14-15).

Pour défendre sa perspective, Slote active plusieurs ficelles. D'abord, il essaie d'obtenir de ses lecteurs la reconnaissance de leur adhésion à sa thèse, même s'ils n'avaient pas jusqu'alors pleinement conscience – voire pas du tout conscience – d'y adhérer. Ensuite, il s'efforce de contrecarrer l'objection selon laquelle cette thèse rendrait les buts, les frustrations, les succès et les échecs de l'enfance soit irrationnels, soit pervers – au sens où les buts et les frustrations d'une personne dépendante, sous l'influence de son addiction, sont pervers ou irrationnels. Enfin, pour répondre à l'objection selon laquelle cette thèse échoue à rendre compte de l'unité de la vie humaine, il esquisse une sorte de conception des contours de la vie humaine. Cette conception est élaborée à dessein, afin de soutenir l'idée que les biens de la force de l'âge ont une valeur supérieure à ceux de n'importe quelle autre période. Il donne même à croire que si les biens de l'enfance « ont une valeur pour ou dans l'enfance », ils n'ont pas de « valeur *überhaupt* », c'est-à-dire de valeur « dans la perspective de la vie humaine dans son ensemble » (p. 17).

Il semble découler de ce dernier point qu'une peinture d'enfant, quoiqu'elle puisse avoir une grande valeur pour ou au sein de l'enfance, n'aurait probablement pas de valeur *en général*. Puisque l'art enfantin ne deviendra pas une catégorie d'exposition distincte dans les grands musées d'art tant que sa valeur *en général* ne sera pas reconnue, j'aimerais maintenant dire quelques mots de la recevabilité du point de vue de Slote.

La dévaluation des biens de l'enfance que Slote nous décrit et nous prescrit est incorporée, je crois, dans la structure même de nos institutions sociales. Après tout, ce sont des adultes, et des adultes dans la force de l'âge, qui façonnent la structure de rétribution de nos institutions, et qui ont la plus grande influence dans la manière dont cette structure permet à certaines personnes d'obtenir des expositions, des inscriptions dans le *Who's who*, des places dans les conseils d'administration importants, et ainsi de suite. Ces structures permettent certes de rendre hommage aux anciens pour ce qu'ils ont accompli ; mais de façon générale, la plupart des gratifications reviennent aux conquérants dans la force de l'âge.

Dans le domaine de l'art, nos grands musées matérialisent l'idée que la célébration et l'appréciation des œuvres des grands artistes comptent parmi les plus grands biens de la vie. Mais le sort réservé à l'art enfantin révèle que nous ne lui accordons en fait qu'une valeur instrumentale et personnelle. Il a une valeur personnelle pour les parents, les enseignants et les amis liés à l'enfant artiste. Il a une valeur instrumentale dans la mesure où sa production contribue au développement général de l'enfant et, dans de rares exceptions, au développement ultérieur d'une personne qui deviendra effectivement un artiste important. Autrement, il est sans valeur.

Pour justifier cette répartition des valeurs, Slote fait appel à ce qui est fondamentalement un point de vue biologique sur la nature de l'enfance et de la vieillesse, et sur la signification qu'elles ont. Voici un extrait de son propos :

> Considérons comment les gens ordinaires et les biologistes ont tendance à envisager les plantes et les animaux dans le temps. À l'intérieur du cycle de vie d'un organisme donné, on fait

> habituellement la distinction entre les périodes de développement et les périodes de déclin, et cette distinction conduit entre autres à privilégier une certaine période de maturité qui représente le plein développement de l'organisme, par rapport à d'autres périodes qui y « montent » ou qui en « descendent ». En lien avec ces distinctions, nous avons aussi tendance à penser que les organismes sont le plus pleinement ce qu'ils sont (ou ce qu'ils sont censés être) pendant la maturité, tendance qui trouve sa meilleure illustration dans la façon traditionnelle de se référer aux organismes en utilisant le nom de l'adulte plutôt que les noms qui conviennent aux autres stades de développement contenus dans leur cycle. (Nous parlons des différentes étapes de la vie d'un arbre, et non d'une graine ou d'une jeune pousse ; du développement, du déclin, et de la vieillesse d'un cheval, et non d'un poulain) (p. 36).

Ce profil biologique suggère que la période de vie d'un organisme individuel que l'on regarde comme sa maturité joue un rôle normatif. Les biens et les produits de la période antérieure sont dévalués comme immatures, tandis que ceux de la période ultérieure sont dévalués comme relevant de la sénescence. Si nous revenons à la question qui nous occupe, le meilleur motif que l'on pourrait invoquer pour refuser la création d'une collection permanente d'art enfantin dans un grand musée consisterait à dire qu'un tel art serait par la force des choses immature et par conséquent inadéquat à figurer à côté des réalisations artistiques les plus matures de notre civilisation.

Il y a peut-être eu une époque au cours de laquelle même le meilleur art tribal d'Afrique, d'Océanie, d'Amérique du Nord ou du Sud était considéré comme primitif et par conséquent, à l'échelle des civilisations, immature. Mais rares sont aujourd'hui les personnes – du moins parmi les personnes influentes – qui adoptent encore cette posture. On reconnaît à présent que les artistes des sociétés tribales ont eu des traditions et des enseignements qui permettent de distinguer des artistes matures et des objets d'art matures dans chaque style tribal considéré. En outre, la posture envers une culture tribale qui découle de la supposition que cette culture tout entière serait immature choque la plupart d'entre nous par sa bêtise et son agressivité morale. Nous ne regardons plus l'art tribal, en tant que tel, comme immature.

Nous ne pouvons donc pas utiliser l'exemple de l'art tribal, qui est présent dans les collections de certains de nos plus prestigieux musées, pour interroger le présupposé selon lequel seul l'art mature mérite d'être collectionné dans les grands musées. Mais nous pouvons interroger ce présupposé d'autres manières. Nous pourrions commencer par nous demander si le célèbre urinoir de Marcel Duchamp, *Fontaine*, ou la collection de conserves de soupe d'Andy Warhol constituent un art mature. La notion de maturité ne semble pas vraiment s'appliquer ici.

Un autre groupe d'artistes que l'on pourrait prendre ici en exemple est celui des « Primitifs modernes ». Les œuvres de Grandma Moses ou de Henri Rousseau relèvent-elles d'un art mature ? La question semble étrange. Considérons Grandma Moses ; son art ne vient pas d'une école, c'est plutôt une forme d'art populaire. Il y a aussi dans cet art quelque chose d'une naïveté enfantine. Mais quoique Grandma Moses ait passé le dernier quart de siècle de sa très longue vie à peindre, son travail ne s'est jamais écarté de cette naïveté vers quelque chose que quiconque pourrait appeler par contraste un art mature.

L'art d'un enfant de dix ou douze ans apprenant à dessiner dans son cours d'arts plastiques peut être dit immature, parce qu'il est sans doute tendu vers la satisfaction de normes et de principes prescrits. La possibilité d'affirmer que l'art d'un enfant de quatre ans serait immature est en revanche beaucoup moins évidente, puisqu'il n'est pas produit dans un effort conscient de satisfaire à des normes ou à des principes. Il est toutefois certain qu'on ne peut pas le caractériser comme un art mature. Peut-être est-ce juste un art non-mature.

L'absence de maturité dans l'œuvre d'un enfant de quatre ou cinq ans disqualifie-t-elle cette œuvre, alors même qu'elle est très plaisante et stimulante sur le plan esthétique, pour être exposée à côté du meilleur art issu de notre culture ou de cultures étrangères, que nous célébrons constamment ? Si nous sommes en droit d'affirmer que les Primitifs modernes comme Grandma Moses et Henri Rousseau, ou les artistes conceptuels comme Marcel Duchamp et Andy Warhol, méritent effectivement d'être collectionnés et exposés à côté du plus bel art de notre culture, nous devrions conclure, je suppose, que la maturité n'est pas une condition nécessaire pour obtenir ce statut.

Supposons que l'absence de maturité soit insuffisante pour *disqualifier* toute prétention de l'art enfantin à prendre place dans les collections d'un grand musée. Qu'est-ce qui, à l'inverse, le qualifierait ? Pour le dire autrement : même si nous délaissons le concept d'évaluation fondé sur la biologie – sur lequel Michael Slote s'appuie – et si nous acceptons l'idée qu'il n'y a pas besoin de qualifier certains objets d'art de matures pour souhaiter les voir exposés jusque dans nos salles d'exposition les plus courues, nous avons besoin d'un critère positif qui nous permette de choisir et de célébrer ainsi le meilleur de l'art enfantin.

À ce stade de la réflexion, il peut être utile de mettre en relation l'art enfantin et la philosophie enfantine. Dans le chapitre 3 j'ai suggéré que beaucoup de jeunes enfants font spontanément des remarques, posent des questions et même s'engagent dans des raisonnements que des philosophes professionnels peuvent reconnaître comme philosophiques. Non seulement ils font spontanément de la philosophie, mais ils la font avec une fraîcheur de vue, une aptitude au questionnement et une sensibilité aux incohérences conceptuelles que des adultes auront de la peine à égaler. Les adultes doivent cultiver la naïveté requise pour faire de la bonne philosophie alors qu'elle est tout à fait naturelle aux enfants.

Je ne veux pas dire que les enfants de manière générale, ni même que certains enfants sont de meilleurs philosophes que n'importe quel adulte. Ce serait faux. D'autres aptitudes sont requises pour faire de la bonne philosophie, à côté de la propension à questionner les opinions communément admises et à s'interroger sur les concepts problématiques. Mais il y a une fraîcheur, une urgence, un naturel dans la philosophie des enfants qui d'une part méritent d'être célébrés pour eux-mêmes et d'autre part peuvent nous aider à mieux apprécier la nature et la signification de la philosophie des adultes – ou, encore mieux, de la philosophie elle-même. Si l'on se concentre exclusivement sur le phénomène adulte de la philosophie, on risque d'avoir une conception tronquée de ce qui motive les gens à se poser et à se reposer ces vieilles questions.

Pourrait-on envisager l'art enfantin de manière analogue ? Pourrait-il y avoir dans le meilleur art enfantin quelque chose qui à la fois mérite d'être célébré pour lui-même et qui peut également nous aider à apprécier la nature et la signification de l'art adulte et, en réalité, de l'art en général ? Je le pense. Si j'ai raison, alors l'art enfantin doit être exposé de même que la philosophie enfantine doit être reconnue, et même publiée [1].

Les tentatives pour concevoir l'enfance et évaluer la culture enfantine ont jusqu'à présent eu tendance à présupposer, soit que les enfants ne seraient que des proto-personnes, qu'il nous faut aimer et former principalement dans la perspective du potentiel qu'ils représentent, soit à l'inverse qu'ils seraient des modèles d'innocence et de perspicacité dont les adultes devraient s'inspirer. Aucun de ces présupposés n'est satisfaisant.

Les enfants sont des personnes, qui méritent pleinement à la fois la considération morale et la considération intellectuelle que l'on doit à des personnes. Ils devraient être respectés pour ce qu'ils sont aussi bien que pour ce qu'ils peuvent devenir. Nous pouvons en effet apprendre d'eux et les laisser enrichir notre vie tout comme, de manière plus évidente, ils apprennent de nous et nous laissent enrichir leur vie. Le parent ou le professeur qui est ouvert aux perspectives des enfants et à leurs formes de sensibilité se trouve comblé de cadeaux qui sans cela font défaut à sa vie d'adulte.

1. Pour une belle étude de six enfants artistes, considérés comme de véritables artistes et non comme des proto-artistes, voir S. Paine, *Six Children Draw*, London, Academic Press, 1981. Mes propres livres, *Philosophy and the Young Child* et *Dialogues with Children*, sont, entre autres choses, des tentatives de publier de la philosophie enfantine.

Ce n'est toutefois que sous certains aspects que la perspective enfantine peut être précieuse aux adultes. Les réalisations des adultes ont une rigueur, une discipline, un sens de l'historicité qui font forcément défaut aux efforts enfantins correspondants. L'art adulte peut manifester une maîtrise de la technique, un sens du style et de sa place dans l'histoire de l'art qui sont hors de portée pour l'art enfantin. Le problème devient alors d'apprendre à célébrer l'art enfantin pour ce qu'il peut légitimement être, sans condescendance ni excès de sentimentalité.

Il est à noter que l'art enfantin et la philosophie enfantine nous conduisent l'un et l'autre à remettre en question l'affirmation de Michael Slote selon laquelle seuls les biens de la force de l'âge auraient une valeur primordiale. Peu d'enfants deviennent en grandissant des artistes matures, moins encore des philosophes matures. Chez beaucoup de gens, l'art et la philosophie de leur enfance ne seront jamais égalés, et encore moins surpassés, par l'art et la philosophie à l'âge adulte. Si la peinture et l'exercice de la philosophie ont dans leur cas une quelconque valeur non-instrumentale, c'est dans leur art enfantin et dans leur philosophie enfantine qu'elle réside.

Ainsi donc, *Trois personnages en rouge* ou quelque autre œuvre réalisée par une enfant de quatre ans ont-elles leur place dans la collection permanente du musée des Beaux-Arts de Boston ? Je le pense. La trouveront-elles ? C'est une autre histoire. Je suppose que si les tenants du modernisme continuent à refuser le présupposé selon lequel la maturité est une condition *sine qua non* de la recevabilité d'un objet d'art dans le fonds d'un musée d'art important, nos plus célèbres musées d'art se mettront effectivement à collectionner de l'art enfantin.

Si le « présupposé de la maturité » est largement abandonné et que l'art enfantin est sérieusement collectionné, ce développement aura sans aucun doute des conséquences sociales et politiques intéressantes. Pour commencer, notre attitude envers les enfants – et envers le système de valeurs qui dévalue systématiquement leur pensée, leur sensibilité, leur expérience, les œuvres de leur invention – changera également. Avec elle, les rôles que nous attribuons aux enfants dans notre société se modifieront. Je crois en avoir dit assez pour avancer l'idée que ces développements pourraient constituer, non seulement un progrès vers la libération des enfants, mais encore un progrès significatif vers la libération des adultes.

Remerciements

Pour écrire ce livre, j'ai réinvesti des articles sur la philosophie de l'enfance que j'avais publiés sous d'autres formes. Le chapitre 1 commence ainsi par un matériau exposé dans « What Did the Universe Appear *On*? » [*Sur quoi* l'univers est-il apparu?] dans *Journal of Thought* 20, n°2 (1985), p. 14-20. Le chapitre 4 a été publié une première fois sous le titre « Egocentric Phenomenalism and Conservation in Piaget » [Phénoménisme égocentrique et conservation chez Piaget] dans *Behaviorism*, n°17 (1989), p. 119-128. Le chapitre 5, sous le titre « Concept Formation and Moral Development » [Formation de concept et développement moral], dans J. Russell (ed.), *Philosophical Perspectives on Developmental Psychology*, Oxford, Blackwell, 1987, p. 175-190. Le chapitre 10, sous le titre « Child Art and the Place of Children in Society » [L'art enfantin et la place des enfants dans notre société], dans G. Scarre (ed.), *Children, Parents and Politics*, Cambridge University Press, 1989, p. 157-167. La publication du chapitre 3 est programmée dans J. P. Portelli, R. Reed (eds.), *Philosophy, Democracy and Children*, Calgary, Detselig Enterprises. J'exprime ici ma gratitude aux éditeurs et directeurs de publication respectifs pour leurs autorisations d'insérer ces articles et chapitres dans ce livre.

La directrice de collection et le traducteur de la présente édition remercient pour leurs relectures et leur accompagnement : Jean-François Goubet, Gaël Kervoas, Elsa Costantini, Nicolas Frognet, Jonathan Soskin, Michèle Audran, Johannes Steins, Victor Garcia et Aline Ranaivoson.

INDEX

TABLE DES MATIÈRES

GARETH B. MATTHEWS

PHILOSOPHIE DE L'ENFANCE

Achevé d'imprimer en juin 2024
sur les presses de
La Manufacture - Imprimeur – 52200 Langres
Tél. : (33) 325 845 892
N° imprimeur 240496 – Dépôt légal : juillet 2024
Imprimé en France